新版 ひきこもりのライフプラン

「親亡き後」をどうするか

斎藤 環、畠中 雅子

岩波ブックレット No. 1023

はじめに

本書の旧版が出版されたのは、いまから八年前、二〇一二年六月のことでした。東日本大震災の記憶もまだ生々しい、二〇一二年六月のことでした。本書の出版は予想以上の反響を呼び、当事者を含む多くの方に手にとっていただけました。中核にあるアイディアは畠中雅子さんの「サバイバルプラン」でしたが、この発想はその後多くの支援団体にも影響を及ぼし、「親亡き後」をめぐる議論の活発化につながったと自負しています。

ひきこもり支援には、いくつもの逆説があります。「〈治そう〉としてはいけない」「「就労」をゴールにしてはいけない」「「正しい」ことや重要なことを話そうとしてはいけない」「軽いおしゃべりこそが対話である」などなど。なぜそうなるのかは、私が執筆した第Ⅰ部をお読みいただくとして、最も重要な逆説があります。それは「「働かなくてもなんとかなる」と思えた時に初めて、自然な就労動機が生まれる」というものです。

畠中さんは主に経済的な視点から、この「なんとかなる」というサバイバルプランを構築しようとされてきました。実際、「本人が就労しなくてもやっていけるプラン」作りは、時に本人の社会参加意欲を賦活することがあります。「なんとかなる」という安心感こそが、社会へと一歩踏み出す際の足場となるからです。

長年、ライフプランという支援方法を構築されてきた畠中雅子さん、今回の改訂版でも緻密な校閲と励ましでお世話になった大橋久美さんに、あらためて感謝の意を表したいと思います。

二〇二〇年三月

斎藤　環

Ⅰ　ひきこもりの理解と対応

斎藤　環

はじめに

一般に「ひきこもり」とは、不登校や就労の失敗をきっかけに、何年もの間自宅に閉じこもり続ける青少年を指す言葉です。いまや日本人なら誰もが知る言葉ですが、近年では海外でも"hikikomori"として広く知られています。

二〇一六年に内閣府は、一五〜三九歳を対象にした「ひきこもり」実態調査の結果を公表しましたが、それによると日本全体でのひきこもり人口は推計約五四万一〇〇〇人でした。また二〇一九年にも内閣府は、四〇〜六四歳のシニア層を対象とした「ひきこもり」実態調査結果を公表していますが、こちらでは全国で推計六一万三〇〇〇人でした。調査時期が異なるため、単純に加算することはできませんが、それでも一〇〇万人以上がひきこもっているという現状がはじめて明らかになったのです。加えて、これまで「若者問題」と思われてきたひきこもりが、すでに中高年の問題になりつつある事実は、社会に大きな衝撃を与えました。

「ひきこもり」とは独立した病名や診断名ではなく、ひとつの状態を意味する言葉です。いくつかの定義がありますが、共通するのは、①六カ月以上社会参加していない、②非精神病性の現象である、③外出していても対人関係がない場合はひきこもりと考える、の三点です。

「ひきこもり」そのものは、必ずしも「治療」の対象ではありません。長期間に及ぶひきこもり状態がもたらす二次障がいとしての精神症状や問題行動が治療の対象となります。また、未治療の「発達障がい」や「統合失調症」がひそんでいる可能性もあります。

二〇一〇年に厚生労働省が発表したガイドラインによれば、ひきこもりの約八割は何らかの精神障がいとして診断可能であるとしています。このため、ひきこもりの支援に当たっては、医療も有力な手段のひとつになりうるのです。

ひきこもりの支援を考えるに当たって、基本方針としてもっとも重要なことを述べておきます。長期間に及ぶひきこもり問題は、本人や家族の自助努力だけで解決することはきわめてまれである、ということです。このため、ひきこもりは非常に長期化しやすいという特徴があります。

その長期化のひとつの帰結が、現在問題になっている「ひきこもりの高齢化」です。

「八〇五〇問題」という言葉があります。文字通り、八〇代の親が五〇代のひきこもりの子の世話をしている家庭を意味する言葉ですが、こうした状況はもはや珍しいものではありません。

私は二〇一四年に「公益社団法人　青少年健康センター」が主宰する家族会の参加者にアンケート調査を行いました。一三三人分の回答を集計した結果、当事者の平均年齢が三四・四歳、親の平均年齢は六五・五歳と、あらためて深刻な高齢化の現状が浮き彫りになりました。平均ひきこもり期間は一二年一一カ月と、著しい長期化傾向が認められました。長年にわたるわが子のケアに疲弊した家族の多くが、うつ状態のリスクを抱えていることもわかりました。

高齢化をもたらした要因は、おおきく分けて二つあります。一つは、上述したような長期化傾向です。自助努力や自然な回復に期待できない以上、何らかの支援がなされなければ、ひきこもり状態は必然的に長期化します。もう一つの要因は、ひきこもり開始年齢の上昇です。かつては不登校の延長線上でひきこもりが起こることが多かったので、ひきこもり開始年齢の平均は一五歳でした。しかし今回の調査では、平均二二・二歳と、大きく上昇していました。これは近年、退職後にひきこもる事例が増加したためと考えられます。四〇代で退職してひきこもる事例も珍しくなく、今やひきこもりは、何歳からでも起こりうるとみるべきでしょう。

ひきこもりの増加に支援が追いつかない以上、高齢化傾向は、今後ますます顕著になるでしょう。ここで問題となるのは「親亡き後」です。単身生活になったひきこもり当事者は、福祉に頼るしかありません。そうした単身者が一〇万人単位で出現すれば、福祉財源が大きく圧迫されることになります。しかし実際には、大半の当事者は福祉の利用も申し出ないまま、孤独死を余儀なくされる恐れがあります。後述する「ライフプラン」は、そのような危機的状況を生き延びるためにも、欠くべからざる備えとなるでしょう。

次に、本書におけるひきこもり支援のあり方について説明しておきます。

私はこれまで、ひきこもり状態から社会参加を果たしたケースの話を直接聞いたり、体験談を読んだりする機会がしばしばありました。そして、ほぼ全例に共通する特徴がひとつあることに気がつきました。社会参加への導き手として、家族以外の「理解ある第三者」の介入がなされていることです。

「第三者」とは、もちろん医療関係者に限りません。さまざまな支援団体のスタッフや、時には友人、恩師といった人たちからの援助や協力が、ひきこもりからの回復において、きわめて大きな意味を持つのです。

「ひきこもったままでよい」という主張もありうるでしょうし、それはそれで理解もできます。ただ、私にはその肯定の先に何があるかをまったく想像できません。私は、自分にとって予想もつかない未来を相手に押し付けることは、治療者のモラルに反すると考えています。それゆえ私は、自分が理解し予測することができる範囲で、治療的支援を続けてきました。これからも「ひきこもりを何とかしたい」と悩んでいる当事者や家族に対しては、ひとりの治療者として具体的かつ有効な支援を提供する立場でいたいと考えています。

とはいえ、誰にでも一律に支援の押し売りをするつもりはありません。私から見れば、ひきこもりは病者というよりは「困難な状況にあるまともな人」です。だからこそ、ひきこもり当事者のニーズは多様です。支援を求めないひきこもり、支援を求めるひきこもり、いまは支援を必要としていないが、潜在的に支援ニーズを抱えたひきこもり、本人は必要としていないが親が支援を求めているひきこもり、など、さまざまな人がいます。

それでは「ニーズがないひきこもり」は放っておくべきでしょうか。私はそうも思いません。たとえ表面的には拒否していても、家族関係が変わるなど状況が変化すれば、そうしたニーズが生まれてくることがあるからです。支援を押し付けこそしませんが、機会あるごとにアプローチを試み、御用聞きよろしくニーズを尋ね、断られればまた次の機会をうかがう。私が理想とするのは、そのような姿勢です。

お節介に見えるかもしれません。ただ、こうした「マイルドなお節介」という支援のあり方は、近年依存症臨床などでも推奨されつつあるようです。当事者からはそれでも「うざい」「いい迷惑」「大きなお世話」といった声が聞こえてきそうですが、押し付けや強制をしないという条件で、なんとか許してもらいたいというのが、今の私の願いです。

原因

ひきこもりに至る原因は多種多様です。きっかけとしては、成績の低下や受験・就職の失敗、いじめなど、さまざまな挫折体験からはじまることも多いのですが、原因やきっかけがはっきりしない場合も少なくありません。

もともとの性格傾向として、内向性、非社交性、「手のかからない良い子」などがしばしばみられますが、いずれも決定的なものではありません。

むしろ不登校などと同じように、どんな家庭のどんな子どもも「ひきこもり」になりうる、と考えるべきでしょう。「長男」に多いという個人的印象もありますが、統計的に有意かどうかは未検証です。また、きょうだいがいる場合、揃ってひきこもってしまう事例もまれながら存在します。複数の子どもがひきこもっている場合でも、基本的対応に大きな違いはありませんが、いくぶん複雑で困難なものになることは避けられません。

男性に多いこと、国際的には日本と韓国に突出して多く見られることなどから、社会文化的な背景も原因のひとつと推定されています。韓国の精神科医によれば、韓国には約三〇万人のひきこもりがいると推定されているそうです。徴兵制がある韓国でひきこもりが問題となっている事実は、若者に対するスパルタ的な介入策が、予防策としてはおよそ意味をなさないことを示唆するでしょう。

ひきこもりの原因は、日本人の国民性や日本の社会病理とは必ずしも関係ありません。若者の社会的排除、あるいは社会的孤立のありようと家族文化との関係から、十分に説明することができる問題です。つまり「ひきこもり」とは、「若年ホームレス」などと同様に、青少年が社会から疎外されていく形式のひとつなのです。

ホームレスとひきこもりを同列に考えることに違和感を覚える方もおられることでしょう。しかしいずれも、その原因を個人的資質や病理のせいにばかりはできません。社会や家庭の事情によって、本人の意図にかかわらず起きてしまう複合的な現象という側面を持っているからです。自己責任論が意味を持たないのは、そのためもあります。

残念ながら、どんな社会にも、そこから疎外される青年は一定の割合で存在します。問題は、彼らの居場所です。社会から排除された青年たちの居場所は、「家の中」か「路上」のいずれかしかありません。

先進諸国中、成人した若者の両親との同居率が七〇%以上の地域は、日本と韓国以外ではイタリアとスペインがありますが、イタリアではＥＵ諸国中、唯一ひきこもりが社会問題化しています。また、スペインにも同様の問題があると当地の研究者に聞いたことがあります。

イギリスには二五歳以下の若年ホームレスが八万三〇〇〇人います(二〇一五年七月五日付『インディペンデント』紙ウェブ版)。アメリカに至っては一六〇万人もの若年ホームレスがいるとの報告があります(二〇一七年一一月三〇日付『ニューズウィーク』誌ウェブ版)。

要するに、青年の親との同居率が高い地域では「ひきこもり」が多くなり、同居率が低い地域では「若年ホームレス」が増える傾向があるのです。家族主義がひきこもりをもたらす一方で、個人主義がホームレスをもたらす。そのように考えることもできるでしょう。

ひきこもりをホームレスと同様に社会的排除、ないし社会的孤立という文脈で考えることは、この問題を医療に限定されない包括的支援の対象と考える上でも重要な視点であるように思います。

二　ひきこもりシステム

マクロな社会現象としてのレベルについては見てきたとおりですが、それぞれの家族のミクロなレベルについては、別のモデルで考える必要があります。

ひきこもり状態を理解するには、「犯人さがし」や「なぜひきこもったか」の追及はあまり意味がありません。適切な支援のためには「何がひきこもりから抜け出すことを難しくしているか」について、十分に理解することが必要となります。

そのためのモデルとして、私は「ひきこもりシステム」というものを想定しています。

ここで「ひきこもりシステム」とは、個人―家族―社会それぞれのシステムどうしの間でコミュニケーションがなくなった状態を指しています。ひきこもり当事者と家族が断絶し、家族はそのことを誰にも相談できずに抱え込んでいるような状態です。

通常システム

３つのシステムは相互に接しており，互いに影響を及ぼし合って作動を続けている．

ひきこもりシステム

３つのシステムは接点を失ってばらばらに乖離し相互の働きかけはストレスに変換されて，いっそう乖離を促す．「接点」とはコミュニケーションのことである．

図１　ひきこもりシステム模式図

この状態はたいへん安定性が高く、外から何らかの介入がなされないかぎり、システム全体の安定はいっそうゆるぎないものになります。このため放置すれば次第に膠着状態に陥り、長期化しやすくなるのです。病気で言えば「自然治癒」にあたることがきわめて起こりにくいのも、こうしたシステムの働きがあるためと考えられます。

三　症　状

ひきこもり状態に伴う精神症状は、しばしばひきこもりから二次的に生じてきます。その症状が「ひきこもり」のはじまりと前後して起こり、長期化とともに悪化するようなら、二次的な症状と考えてよいでしょう。これは、ひきこもりという長期間の孤立状態が心身に悪い影響をもたらした結果生じたものと考えられます。それゆえ入院など、何らかの理由で「ひきこもり」状態から抜け出す機会があれば、それだけでこうした症状が改善してしまうこともあります。

たとえば家庭内暴力が典型ですが、問題行動が起きるのはあくまでも家庭内に限られ、家庭外でも暴力をふるうようなケースはほとんどありません。あるいは「強迫症状」。一般的に強迫性障がいは治療が難しく、改善にも時間がかかります。しかし、ひきこもりに伴う強迫症状は、入院などの環境変化であっさりと消えてしまいます。要するに、何であれその症状がひきこもりに随伴して生じた症状なら、治療もそれほど難しくありません。

　以下、ひきこもりに伴いやすい重要な症状を多い順に挙げておきます。対人恐怖症状（自己臭、醜形恐怖を含む）、被害関係念慮、強迫症状、家庭内暴力、不眠、抑うつ気分、希死《きし》念慮《ねんりょ》、摂食障がい、心身症状、心気症状、など。

　対人恐怖症状は、世間体を気にしたり、近所の人の視線を恐れて外出しなくなったり、家を訪れた親戚や宅配便業者とも会いたがらないといった行動としてあらわれます。社会恐怖のような「注目される不安」よりも、「他人から悪く思われる」ことを恐れるという葛藤が中心となる症状です。自分の体が臭いから他人に避けられるといった「自己臭」や、自分の顔や体つきがみっともないので嫌われると思い込む「醜形恐怖」も、対人恐怖症状に含まれます。後者はとりわけひきこもりで多く見られます。

　対人恐怖症状は、こじれるとしばしば被害関係念慮、つまり被害妄想的な思い込みにまで発展します。実際、ひきこもっている人は「近所の人たちが自分の噂をしている」「自分を監視し、いやがらせをしてくる」などとしばしば訴えます。こうした訴えが本物の妄想と勘違いされて、統合失調症と誤診される事例が少なくありません。

　強迫症状というのは度を超した几帳面さや病的なこだわりを指しますが、そのほとんどは洗浄強迫や確認強迫などの強迫行為で、しばしば不潔恐怖（潔癖症）を伴います。外出から帰るたびに何度も着替えたり、手洗いを繰り返したりといった行動がその典型です。中には家族にも強迫行為への参加を強要するような「巻き込み型」の確認強迫もあります。

　不眠や昼夜逆転傾向はほとんどの事例でみられますが、ここには日内《にちない》リズムが障がいされること以上に、家族関係の葛藤が反映されています。「家族と顔を合わせたくない」ことも、昼夜逆転をこじらせる一因となるからです。

　抑うつ気分や空虚感、自殺願望めいた訴えもしばしばみられますが、実際に自殺に至った事例はきわめて少数です。また女性事例では手首自傷なども少なくないことをつけ加えておきます。

表1　DSM-5(精神障がいの診断・統計マニュアル第5版)における鑑別診断名

主症状が「ひきこもり」となり得る疾患	他の主症状に「ひきこもり」が伴うこともある疾患
統合失調症 社交不安障がい 強迫性障がい うつ病 自閉症スペクトラム障がい ADHD	選択性緘黙《かんもく》 知的能力障がい 分離不安障がい 反応性愛着障がい PTSD パニック障がい 解離性障がい 適応障がい 摂食障がい

四　鑑別診断

　ひきこもり状態を伴いやすく、混同されやすい精神疾患として主要なものを表1に示しました。

　この中で、もっとも重要な病気が統合失調症(かつての精神分裂病)です。ひきこもり状態は「自閉」や「自発性の減退」に、独りごとや思い出し笑いは「独語」や「空笑《くうしょう》」に、家庭内暴力は「精神運動興奮」に、妄想様観念は「真性妄想」と誤診されやすいためです。診断の上で注意すべき点としては、ひきこもり状態では幻聴はみられないこと、メディアを巻き込んだ妄想(「テレビやラジオが自分の悪口を放送している」など)は少ないこと、思考伝播や思考吹入《すいにゅう》(思考が外に漏れたり侵入してきたりする)といった思考障がいはみられないこと、などがあります。

　なお、いじめ体験からひきこもった事例では、まれに「聴覚性フラッシュバック(いじめた相手の声が聞こえる、などの症状）」がみられ、幻聴との鑑別が問題となります。このような場合、聞こえてくる声の内容や「誰が言っているか」がはっきりしていて、薬物治療があまり効かないような場合は、幻聴よりもフラッシュバックの可能性が高いと考えられています。

最近になって、ひきこもりの中に成人の発達障がいが含まれている可能性が指摘されるようになりました。発達障がいにはアスペルガー障がいやＡＤＨＤ（注意欠陥・多動性障がい）が含まれますが、ひきこもりが問題になりやすいのは主としてアスペルガー障がいのほうです。ただし、その割合にはばらつきがあります。厚生労働省のガイドラインでは、ひきこもり事例の約三割が発達障がいとされていますが、私の調査では全体の一割前後という結果でした。

これは発達障がいに関しては、医師による診断のばらつきが大きいためと考えられます。たとえば「対人関係の障がい（社会性の障がい）・コミュニケーションの障がい（言語機能の発達障がい）・イマジネーションの障がい（こだわり行動と興味の偏り、固執性）」といった自閉症の症状は、その解釈いかんでは多くのひきこもり事例にもみられるものです。

このため私自身は、生育歴を詳しく尋ね、治療に対する反応を十分に確認するまでは、安易に発達障がいの診断を下さないようにしています。また、本人がその診断を受けいれることで少しでも楽になり、未来になんらかの希望が持てるようになることも重要です。成人の発達障がいの診断については、それがレッテル貼りにならないためにも、その診断が本人にとっていかなる利益をもたらすかを第一に考える必要があると考えています。

「疾患」ではありませんが、ひきこもりの初期徴候としての「不登校」も重要です。いわゆる不登校全体の一〜二割程度が長期化し、ひきこもりに至りうるとされています。不登校段階で適切に介入することは、ひきこもり化の早期予防としても大きな意味を持つでしょう。

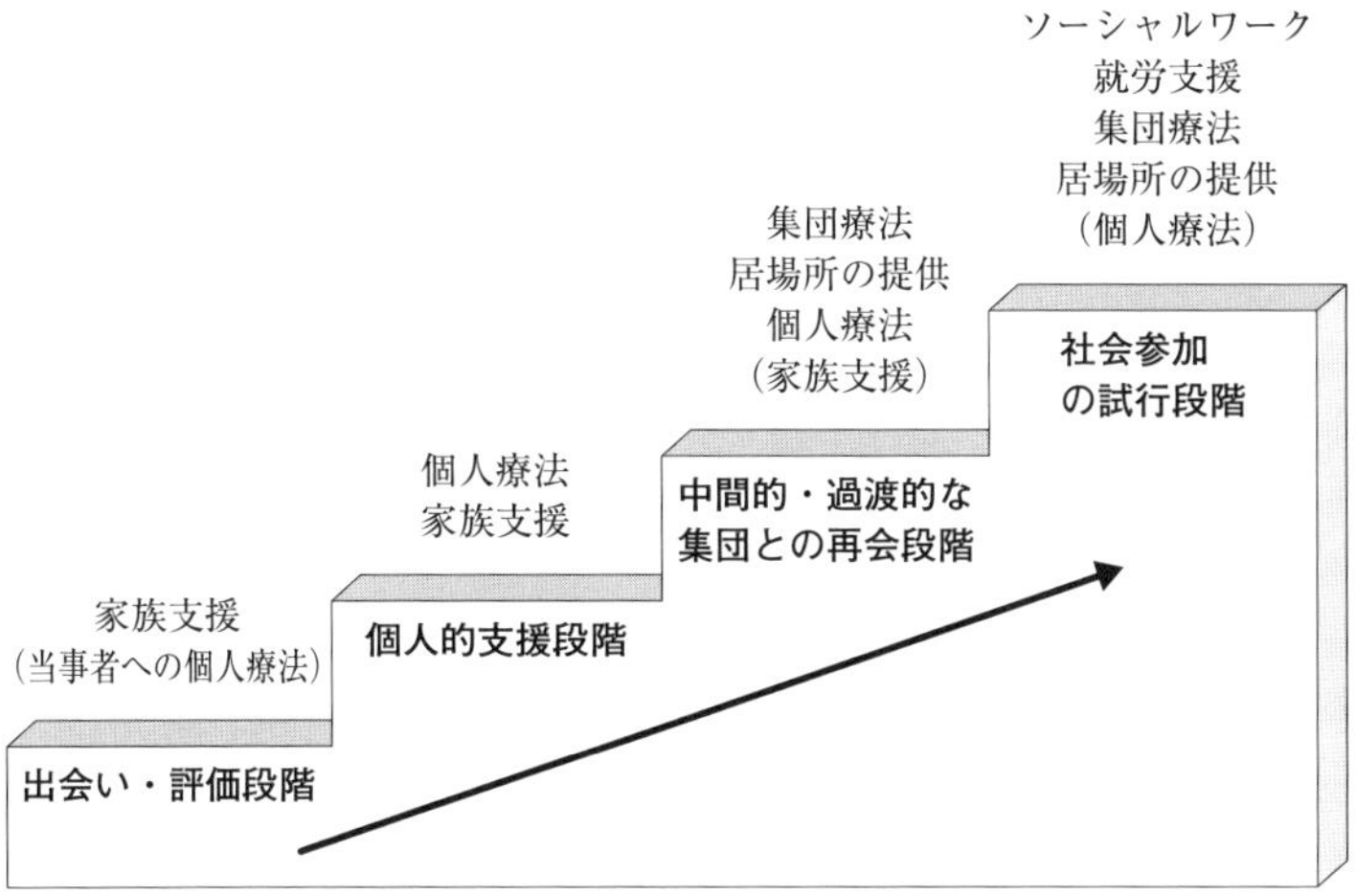

図2　ひきこもり問題への段階的対応
出所：厚労省「ひきこもりの評価・支援に関するガイドライン」より
（https://www.mhlw.go.jp/file/06-Seisakujouhou-12000000-Shakaiengokyoku-Shakai/0000147789.pdf）

五　ひきこもり支援における段階的対応――家族相談

厚労省のガイドラインでは、ひきこもり問題への段階的対応が推奨されています（図2）。治療的支援としては、①家族支援、②個人療法、③集団療法、④ソーシャルワークの四段階があります。以下、各段階について簡単に説明します。

まずは、①家族支援です。本人が治療を拒む場合も多いため、最初期の対応は家族中心にすすめることが望ましいとされています。家族会への参加もここで勧められます。この段階での目標は、本人の家族に対する不信感が解消され、対話と信頼関係が回復されることです。一般に医療機関は、家族だけの相談を受け付けないことが多いのですが、ひきこもり支援においては家族相談を受けなければ当事者の治療・支援は事実上不可能です。ちなみに私の勤務先では、ひとまずは臨床心理士が家族相談を受け、本人が来院したら医師を受診してもらうという形をとっています。

家族の粘り強い誘いによって本人が通院を開始しはじめたら、②個人療法に移行します。これはひきこもり当事者に対する個人精神療法が中心ですが、場合によっては薬物治療を行う場合もあります。

次いで、③集団療法の段階となります。これは、本人と同様の問題を抱えた当事者のたまり場やデイケア、自助グループなどの集団活動に参加してもらい、親密な仲間関係を経験してもらう段階です。ある程度親密な関係性が生まれれば、社会参加へのハードルはかなり低くなるでしょう。

ここまでくれば、④ソーシャルワーク的に就労支援、就学支援を開始することもじゅうぶん可能になるでしょう。

医療機関を受診するさい、注意すべきことがあります。必ずしも家族相談に応ずる病院ばかりではありません。利用可能な病院の候補を何カ所かに絞ってから電話で問い合わせるなどして、あらかじめ家族相談を受けてくれるかどうかを確認しておく必要があります。

ひきこもり支援において、家族相談はたいへん重要な意味を持っています。この段階で適切な対応がなされれば、それだけでも本人の状態が好転することがありうるからです。

ここで適切に対応するための大前提として、両親がともに本人への理解と配慮を共有しておくことが大切です。対応の主役はあくまで両親であり、きょうだいや親戚は特殊な場合を除いては、あまり深く治療にかかわるべきではありません。これは単純に、そうした適切な対応を場合によっては一〇年以上、責任を持って続けられる立場は、ほぼ両親しかありえないためです。

ひきこもり状態が長期に及んでいる場合、両親の関係にも問題が生じていることが少なくありません。できるだけ早い段階で、まず両親の夫婦関係を修復するとともに、ひきこもり問題への共通の理解と、基本的な対応方針を十分に共有しておく必要があります。

残念ながら、この段階でつまずく家族がきわめて多いのも事実です。「理解のない父親(あるいは母親)をどう説得するか」が大きな壁となるからです。これは夫婦関係の修復という困難で複雑な問題であるため、単純な答えはありません。パートナーの態度を変えるには、まず自分から先に適切な対応を「やってみせる」ことと並行して、粘り強く話し合いと働きかけを続けていくことが必要となります。もちろん勉強会や家族会に両親そろって参加することも有意義でしょう。

両親間の協力態勢が大切なのは、本人への誤った対応をすみやかに改善し、本人と良好な信頼関係を築くためです。

慢性化したひきこもり状態に対する説得・議論・叱咤激励などは、有害無益なものでしかありません。本人はこうした一方的な働きかけを非常に嫌いますし、それでも働きかけをやめない両親に対しては、強い不信感を向けたり、時には家庭内暴力をふるうことすらあります。

良好な信頼関係を築くためには、まず両親が、いったんは本人のひきこもり状態をまるごと受容する必要があります。すでに起きてしまったものとしてその存在を認め、焦って否認しようとしないこと。ひきこもりそのものへの批判をせずに、本人と向き合い、対話を試みること。これによって本人は、ようやくそれまでの肩身の狭い居候気分から抜けだし、家の中に自分の居場所を与えられ、くつろいで過ごせるようになるのです。

1　「安心」と「共感」を

本人との信頼関係をつくるためには、まず本人が安心できる環境を整え、そのうえで少しずつ、本人が受け入れ可能な範囲で自立への働きかけを試みる必要があります。家族相談においては、そのような「環境」調整を目指して試行錯誤を続けることになります。「環境」とありますが、実際には本人と家族の「関係」調整のことです。ですから、この段階は言ってみれば「安心してひきこもれる関係作り」の段階です。

ただし、これは必ずしも「ひきこもりの全肯定」という意味ではありません。家族と本人が忌憚なく「交渉」のテーブルにつくための最初の地ならしとして、どうしても避けて通れない手続きなのです。対立した関係のまま、あるいは対話が断絶したままでは、まともな働きかけすらも不可能になってしまうでしょう。

ひきこもって苦しんでいる本人を責め、恥をかかせ、あるいは追い詰めることで、社会参加を促すことはできません。

「安心させたりしたら、ますます居心地がよくなって、ひきこもったままになってしまうのでは」という懸念もあるでしょう。しかし、本人自身が自分のひきこもり状態に心から満足することはほぼあり得ません。誰よりもまず本人が、自らのひきこもり状態を深く恥じているからです。

加えて当事者の多くは、「食べるために働く」という動機づけをリアルに感じることができません。その是非を問うても仕方のないことです。彼らに社会参加を促そうというのなら、むしろ「他者からの承認」という動機づけに誘導するほうがはるかに効果的でしょう。

心理学者、アブラハム・マズローの欲求五段階説に基づいて考えるなら、まず生理的欲求（「食べていけること」など）、安全欲求（「批判・非難されないこと」など）、関係欲求（「孤立しないこと、家族関係の安定」など）が満たされて、はじめて承認欲求を追求しようという気持ちが芽生えてきます（図3）。ちょうど「衣食足りて礼節を知る」という故事成語と同じような意味ですね。生理・安全・関係、それぞれの欲求を家族が満たしてあげなければ、承認欲求≒就労動機につながらないのです。

ただ、しばしば誤解されがちなことですが、「安心させる」ことは、「放置」ではありません。放置や放任はむしろ本人に「見捨てられるのではないか」という不安をもたらします。

本人を安心させるためには、積極的に関わりを持つ必要があります。家族との親密な対話や、たわいもないお喋りこそが最大の安心の源だからです。それゆえ忘れるべきでないのは、対面しながらの対話にこそ最大の価値があるということです。

メモやメール、電話などは、あくまで補助的手段にとどまります。

治療開始の時点では、本人と家族との間で、ほとんど断絶に近いような状態が何年間も続いていることが少なくありません。そこに対話の可能性をさぐる努力は、砂漠を緑化しようとする事業にも似ています。まず灌漑《かんがい》や追肥《ついひ》によって土壌を十分に活性化し、いつか芽吹くことをひたすら信じて種を蒔き、待ち続けること。ただし砂漠とは異なり、多くの場合、そうしたご家族の努力は報われることになります。

図 3　マズローの欲求 5 段階説

人間の欲求は 1→5 へと順番に生ずる．1 が満たされなければ 2 は生じず，2 が満たされなければ 3 は生じない．かつて人は「1＝食べるため」に働いた．いま人は「4＝承認されるため」に働く．すなわち 1〜3 が確保されなければ 4 以上の欲求は自発的には生じない

不自然さやぎこちなさをおそれず、正面から本人と向かい合い、言葉による働きかけを続けていくことで、対話する関係を復活させることは十分に可能です。以下、いくつかの具体的な注意点を述べておきましょう。

2　対話を中心とした働きかけ

対話で重要なのは相互性と共感性であり、言葉のキャッチボールです。しつけや、教え導こうといった「上から目線」にとどまっている限りは、意味のあるキャッチボールは成立しにくくなります。

まったく対話がないという場合は、まず挨拶から始めてみましょう。「おはよう」「おやすみ」「ただいま」などの挨拶をしっかりと励行することです。もちろん本人に対してだけでなく、家族全員がお互いに挨拶しあう習慣をこのさい定着させましょう。

このほか試みる価値のある働きかけとしては

「誘いかけ」「お願い」「相談」などがあります。いずれも本人の存在価値を尊重するというメッセージがこめられています。対話がまったくないのに、簡単な家事を頼んだら黙ってやってくれた、というエピソードは意外に多いのです。本人からの反応がなくても、続けてみる価値はあります。

対話をすすめるにあたって重要なことは、誠実でわかりやすい態度を貫くことです。水面下でいろいろ画策したり根回ししたりするやり方は、しばしば裏目に出ます。また、食卓にひきこもりの記事やアルバイト雑誌を置いておくといった「これ見て悟れ」方式は、ほぼ確実に怒りしか買いませんのでお勧めしません。

話題は自然にまかせてよいのですが、いくつかの「べからず」はあります。本人が密かに恥じ、劣等感を持っているであろう部分には触れないように配慮しましょう。たとえば将来の話、学校の話、同世代の友人の話、などがそうです。逆に話題として好ましいのは、本人から距離のある話題、たとえば時事問題、芸能界、趣味の話題などです。

本人はしばしば社会的な関心が非常に高く、ニュースなどについてもネット情報などからかなり詳しい知識を持っています。社会情勢などについて本人の意見を求めると、喜んで応じてくれる場合もあります。わかりにくい話題があったら、いろいろ教えてもらうのもいいでしょう。

ところで、対話において話題の選択以上に大切なのが「話し方」です。

多くの父親は、しばしば「上から目線」の権威的な物言いが癖になっています。上司が部下に向かうような態度、あたかも世間の代表であるかのような表現などが典型ですね。たとえば「世間ではこれがあたりまえだ」「そんなことは社会では通用しない」などといった言い回しは、それだけで本人の強い反発を買ってしまいます。意見を言うのは構わないのですが、「お父さんは、個人的にはこう思うんだけど」といった個人的、かつぼかした表現のほうが、ずっと心に届きやすくなります。

母親に多い問題としては、ストレートな批判や非難はしないかわりに、皮肉や嫌味がごく自然に出てきてしまうことです。こうした刺激は、しばしば家庭内暴力の原因となります。できるだけ素朴でまっすぐな表現をこころがけるほうがよいでしょう。

こうした、不適切なコミュニケーションのスタイルもまた、両親が互いに気をつけあうなどしながら、徐々に改善を図りたいものです。

関係改善の目安としては、親密な対話を通じて「(本人が家族に)弱音を吐ける」「冗談が言える」などがあります。これは言い替えるなら、本人が家族の前で不自然な演技をしたり、強がったりする必要がない関係を目指す、ということでもあります。

本人はしばしば、家族の前では「怠け者」を演ずることがあります。「自分はもう一生働くつもりはない」などと宣言したりもします。しかし多くの場合、こうした態度は親から責められることを避けるために無意識になされる「演技」なのです。そうした演技の裏に、強い焦燥感や不安が秘められていることは言うまでもありません。表面的な態度だけをみてあわてるのではなく、まずは本人の向上心を信じることが関係改善の第一歩とも言えます。

こうした働きかけを続けていくと、次第に本人もそれに応ずるようになっていくのですが、時には突然、親への恨みつらみを口にしはじめるケースもあります。

こうした場合、家族はとまどいながらも、弁解や反論をこころみようとしますが、いずれも適切な対応とは言えません。重要なことは、本人の言いたいことはさえぎらずに最後まで言わせ、十分に耳を傾けることです。

「それは事実ではない」とか「そんな理屈は通らない」といった、「正しい反論」をするべきではありません。客観的な「正しさ」よりも、本人がどのような思いで苦しんできたか、まずそれを丁寧に聞き取ることが必要です。私はこの行為を「記憶の供養」と呼んでいますが、ここでは耳を傾けることがすなわち「供養」なのです。

よく「いつも同じことを、毎晩のように、くどくど聞かされるので参ってしまう」とこぼす家族もいます。しかし、本人に「十分に聞いてもらえた」という満足感を持ってもらえれば、恨みつらみの段階はむしろ短期間で乗り越えられると思います。

ただ一点、注意が必要なのは、ここで本人の「いいなり」になるべきではない、ということです。恨みつらみがこじれて、賠償金などの具体的な償いを要求してくるような場合もありますが、本人の訴えに「行動」で応じるべきではありません。「それはできない」と断ってかまいません。話は聞くが、いいなりにはならない。耳は貸すが、手は貸さない。これが基本的な姿勢となります。

3　良い対話のためのヒント

後述する「オープンダイアローグ（開かれた対話）」という手法は、ひきこもりへの対応においても有効であることが確認されています。ここでは、オープンダイアローグからのヒントに基づいて、「こんな対話をしてほしい」ということについて少し補足しておきたいと思います。

まず、「何が対話ではないか」について述べます。議論や説得、尋問やアドバイスは対話ではありません。それらはいずれも「結論ありき」であり、一方的な結論の押しつけであり、結果的に当事者の主体性や自発性をそこなってしまうからです。当事者の主体性や自発性は、支援においてきわめて貴重なリソース（資源）です。説得やアドバイスなどよりも、「軽いおしゃべり」などのほうが、はるかに対話的です。ほかにも「上下関係」や「本人のいないところで大事な決定をする」なども、対話的な姿勢にふさわしくないとされています。対話が始まったら、対等の立場で手のうちはぜんぶ見せる、この姿勢を大切にしてください。

対話の目的は治療ではありません。対話の目的は「対話を続けること」であり、「治癒」「変化」「改善」などは、さしあたり脇に置かれます。良い対話を続けていくと、あたかもオマケや副産物のようにして、改善や治癒が勝手に起きてくるのです。「変えることをあきらめた時に、変化が起こる」という逆説がそこにあります。

ひきこもり当事者は、自分を変えようとする意図や圧力に、たいへん敏感です。家族や支援者がそうした意図をにおわせるだけで、信頼を失うこともあります。「とにかくあなたと対話がしたい。それであなたが変わるかどうかはあなたに任せる」。そういう姿勢のほうが、当事者から信頼されやすいのは言うまでもありません。

対話においては、合意や調和を目指す必要もありません。「違っていること」は、むしろ歓迎されます。意見の違いがあっても、それを無理にすり合わせるのではなく、なぜ違うのか、どのように違うのかを掘り下げることこそが大切とされます。対話では、メンバーそれぞれの異なった意見がポリフォニック（多声的）に響き合う空間を目指します。それはシンフォニーやハーモニーとはずいぶんと異なった響きとなるはずです。

ひきこもり当事者の経験は、周りの人にとっては未知の世界です。そこでどんな経験をし、どんな気持ちを味わっているのか、そこに興味と関心を向けてください。ひきこもり経験に関しては、本人は専門家、あなたは素人です。そうであるなら、あなたは家族や専門家という立場を脇において、その経験を本人から「教えてもらう」ことをめざしてください。

4　治療や支援の導入

治療や支援の導入は、一歩間違えばそれまで築いた信頼関係を崩してしまう危険もあるだけに、慎重に進めたいものです。

すでに説明したように、第一歩は家族相談です。まずは両親のみで、自治体の相談窓口、あるいはその他の相談機関（治療機関・カウンセリングセンター・学校や保健所などの相談室）に通ってみることです。

「ひきこもり」が話題となった二〇〇〇年当時よりも、厚労省のガイドラインの配布などによって、公的支援もかなり充実してきています。厚労省では平成二一年度から「ひきこもり対策推進事業」を創設し、すべての都道府県と政令指定都市に「ひきこもり地域支援センター」（本書巻末のリスト参照）を設置、平成三〇年度からは、生活困窮者自立支援制度との連携を強化し、訪問支援等の取り組みをふくめた手厚い支援を充実させるとしています。

最初に相談する場所としては、上述の「ひきこもり地域支援センター」がいいでしょう。家族だけでも相談できますし、社会資源（治療機関や福祉サービスなど）についての情報も持っています。自治体によっては、センターが訪問支援をしているところもあります。

病院やクリニックを受診する場合、もし本人が相談を嫌がっているなら、最初から本人を連れて行く必要はありません。厚労省のガイドラインでも、最初のステップは「家族支援」です。通院先を探す条件としては、まず「思春期事例（不登校など）の経験があること」「家族だけの相談にも応じてくれること」さらに「通院の便がよいこと」という三つの点が重要です。

探す場合に「ひきこもり」という言葉にはあまりこだわらないほうがいいでしょう。若い患者に対応できるところなら、大体大丈夫です。むしろ重要なのは家族相談を引き受けてくれるかどうかで、これは電話して確認するほかはありません。そういう治療機関は最近少しずつ増えてきていますから、根気よく探してみて下さい。

通院の便も重要です。治療にはしばしば年単位で時間がかかりますから、あまり遠方だといずれは通院が苦痛になるものです。親はもとより、もともと乗り気ではない本人にとって、ただ遠いというだけでも、通院拒否の理由になり得ます。緊急時の対応も、遠い病院では不可能です。とりわけ入院を要するような問題が生じた場合には、地元病院のネットワークが活用できなければ、家族が一から探すしかありません。また、地元の社会資源にどんなものがあるかも、地元の治療者でなければ十分にはわかりません。目安としては、一時間以内で通える病院を探すことをお勧めします。最

相談に通っている事実は本人にも伝えます。最

初は本人も嫌がって「通院をやめてくれ」と言われるかもしれませんが、わが子の心配を専門家に相談することは親の正当な権利です。ここは「親のわがまま」で押し切ってかまいません。

このあたりの呼吸はなかなか微妙で、実は本人自身も、うすうす治療の必要性を感じていることが多いのです。最初はひどく嫌がっていた本人が、次第に両親が相談に通うことを受け入れて文句を言わなくなり、ついには「今日は治療者は何と言っていたか」などと興味を示すようになることも珍しくありません。本人の拒否が強くて親が通院をあきらめてしまうケースが多いのは残念なことです。

ちなみに本人を通院に誘う場合、前の日に誘うことはあまり勧められません。通院当日の朝に声を掛け「一緒に行ってほしい」と誘い、応じない場合はあきらめて親だけで通院します。強引な説得はくれぐれも禁物です。これを定期的に、ただし一カ月以上間隔をあけない程度に継続していくのです。

5　ひきこもり「治療」の新しい動き

長岡市の「ながおか心のクリニック」にてひきこもり診療を行っている中垣内《なかがいと》正和氏は、ひきこもり治療における依存症治療モデルを提唱しています。ひきこもりと依存症との共通点は少なくありません。また依存症治療モデルの考え方は、事例経験が少ない精神科医にとっても、ひきこもりへの理解をわかりやすくするメリットがあります。

具体的な治療については、家族会や自助グループの利用が有意義である点などが依存症と共通しています。ただ一般的にひきこもりの場合、就労支援など社会性の改善それ自体が治療に繋がりやすいところがあります。それゆえ、治療や支援に結びつきさえすれば、依存症よりは対応上の困難が少なく、成果も上げやすいでしょう。

依存症に関連して、臨床心理学者の境泉洋《もとひろ》氏は、家族対応の一環としてＣＲＡＦＴプログラムを実施し成果を上げています。ＣＲＡＦＴは本来、薬物・アルコール依存者と家族のための治療プログラムとして米国において広く実施されている認知行動療法プログラムです。境氏らはこの手法をひきこもりの家族支援に応用することを発案し、介入研究を行った結果、ＣＲＡＦＴプログラムの実施によって、自助グループよりも高い効果を得られたと報告しています。この手法はその後、ワークブックとしても出版されています。

近年、私たち筑波大グループは、ひきこもり支援に先述のオープンダイアローグ（以下ＯＤ）を応用することを試みています。ＯＤとは、フィンランド・西ラップランド地方にあるケロプダス病院のスタッフたちを中心に、一九八〇年代から開発と実践が続けられてきた精神病に対するケアの技法／システムです。薬物治療や入院治療をほとんど行うことなく、きわめて良好な治療成績を上げており、近年国際的にも注目されつつあります。その詳しい内容については、関連書籍などを参照してください。

ＯＤの中核にあるのは、徹底して他者を尊重する「対話」です。説得や議論は当事者の力を奪ってしまいますが、丁寧に本人の話を聴き、それに誠実に応えていく「対話」によって、それぞれの立場の「違い」を掘り下げていくと、その過程そのものが当事者をエンパワーする効果を持つとされます。つまり良い対話を続けていくだけで、巧まずして改善や回復が生ずるわけです。この手法は医療者以外でも実践が可能であるため、さまざまな支援現場で応用が可能となるでしょう。すでに私たちは、臨床のみならず就労支援の現場などで応用を進めつつあり、良い手応えを感じています。今後の発展に期待したい分野です。

六　集団適応支援

集団適応支援の段階では、「親密な対人関係」の経験を重ねてもらうことが第一の目的となります。具体的には、デイケア活動や支援団体の「たまり場」や「居場所」、あるいは自助グループや作業所などを活用することになります。同じような目的で、宿泊型のグループホームが利用される場合もあります。

治療によってある程度元気になってくると、いきなりアルバイトや就労を目指そうとするケースもありますが、そこでつまずいてしまう可能性も高まります。ひきこもりに対する世間の偏見はいまだに強いため、アルバイト先でひきこもり経験が周囲に知られていじめられた、といったこともしばしば起こります。そのような経験で傷つき、再度ひきこもってしまったりすると、もう一度抜け出すのはいっそう難しくなります。

まだ十分に泳げない人に、いきなり海や川で泳ぐことを勧める人はいないでしょう。まずは安全なプールで十分に練習を重ねておくほうが泳ぐ力は確実に上達します。人間関係についても、同じように考えることができます。

就労するにしても、対人関係にある程度の自信を持てるようになってからのほうが成功しやすくなりますし、失敗した場合のダメージも少なくてすみます。そういう意味で、最初に対人関係を経験するとしたら、ひきこもり経験者同士のほうがよいと考えられます。同じバックグラウンドを共有する仲間とのほうがずっと安心できますし、共感できるぶんだけ親しくなりやすいでしょう。

私はひきこもりの治療において、「複数の親密な仲間関係を持つこと」をひとつのゴールと考えています。ひきこもりの臨床では、医療機関であるか否かにかかわらず、早くから集団に参加することの意義が大切にされてきました。

ひきこもりの場合、数年以上の長期にわたって、家族以外の対人経験がまったく欠けていることが珍しくありません。対人恐怖や対人困難をはじめとする多くの問題が、こうした孤立状況そのものから起こってきます。

心理学的にも、慢性的な孤独感は人を不安定にさせ、他者に対する被害感を抱かせ、自虐的・自滅的な行動パターンにつながりやすいことが知られています。逆に、家族以外の親密な対人関係は、しばしばそれ自体が治療的な効果をもたらします。

私は、必要最低限の自信や自尊感情をとりもどすためには、「他者から承認されること」がどうしても欠かせないと考えています。人と親しくなるということは、すなわち自分を受け入れ、承認してくれる他者と出会う、ということを意味します。前にも述べたように、そうした出会いこそが社会参加への入口においてきわめて大きな意味を持つのです。

ずっと他者との出会いがないまま過ごしていると、ほとんどの人は「プライドは高いが自信はない」という、いびつな自己愛を抱え込むことになります。こうなると、ますます行動を起こすことは難しくなります。仲間との親密な関係において、人は自らのプライドへのこだわりをやわらげ、自信を回復することが可能になるのです。

集団に参加することの意義は、それだけではありません。長いひきこもり生活の中で、意欲の低下はもちろん、「自分の欲望がわからない」という状況に陥る人が少なくありません。その結果、「浪費のための浪費」がエスカレートしたり、逆に一切お金を使わないといった禁欲的な生活が続いてしまうようなことが起こります。いずれも欲望の混乱がその原因で、けっこう深刻な状態です。

なぜこんなことが起こるのでしょうか。これは、ほとんどの人が他者との接点なくしては自分の欲望を理解できないためです。孤独の中で自分の内面をみつめ続けても、欲望は姿をあらわしません。これは私の考えでは、「欲望は他人からもらうもの」だからです。つまり集団に参加する目的は、自らの欲望を再発見するためでもあるのです。

もちろん就労などの意欲も、そうした欲望のひとつです。家族や治療者による就労のすすめは拒否されがちですが、親密な仲間の存在は、しばしば強力な就労の動機づけになります。仲間からの促しはもちろん、就労にむけてがんばっている仲間の姿も強い影響をもたらします。これは、立場が共通する者同士の間では、「就労したい」という欲望が簡単に感染するからです。

就労の話ばかりになってしまいましたが、私は治療の中で就労をすすめることはほとんどありません。その必要がないからです。集団に参加して親密な関係ができ、一定の期間を経ると、ほとんどの当事者が自発的に「就労」の希望を口にするようになります。ですから私は、タイミングをはかってデイケアなどへの参加をうながしはしますが、それ以上の指示や説得は、そもそもする必要がないのです。

七　訪問支援活動

すでに繰り返し述べてきたとおり、不登校やひきこもりの支援では、最初から本人が支援機関や治療機関を訪れることはほとんどありません。そうした場合の一歩踏み込んだ介入手段として、家庭訪問を中心とするアウトリーチ型の支援は、きわめて有効なもののひとつです。

民間の支援団体や就労支援団体の一部がこうした活動を行っていますし、自治体によっては保健所や精神保健福祉センターなどで訪問支援を積極的に行っているところもあります。

私自身の経験から考えても、訪問支援はもっとも有効な手段のひとつたり得ます。ただ、有効なぶんだけ副作用もありますので、そうした支援を依頼する場合は、家族の側も次のような点に留意していただければと思います。

私は、いかなる訪問支援活動においても「当事者のプライドを最大限尊重すること」がもっとも大切であると考えています。これは言い替えるなら、この点を大切にしない訪問支援活動は、どれほど正当な理由や善意にもとづいていようとも、有害なものになってしまう可能性がある、ということです。

特に注意していただきたいのは、悪質な自立支援ビジネスです。かつても戸塚ヨットスクールをはじめ、拉致監禁まがいの手法で当事者の「矯正」を試みる自称「支援団体」がありました。一時期、こうした手法による死亡事件や傷害事件が相次ぎ、あるいは強引な手法を当事者から提訴されたケースもあって鳴りをひそめていましたが、最近になって再び、同様の手法をとる自立支援ビジネスがトラブルを起こしています。中には数百万円もの初期費用を請求する団体もあり、注意が必要です。たとえばホームページ上に料金を明示しておらず、当事者をおとしめ家族の不安をあおる文言が並んでいるような「支援団体」は要注意とお考えください。

本人の人権はもちろんですが、その「プライド」を徹底して尊重する、という姿勢は、訪問支援活動で要求される最低限の倫理であると私は考えています。

とはいえ、訪問に際しては常に本人の同意が必要、といった理想論だけでは限界もあります。歓迎されないことは承知の上で、訪問に踏み切らざるを得ないこともあるでしょう。

本人が同意していない場合には、とりあえず両親の客として訪問を続け、その都度部屋の外から一声かけるといった、控えめな働きかけが望ましいと考えます。それが常に本人にとっては「お節介な介入」に過ぎないかもしれないという謙虚さを大切にしつつ、十分な手間と時間をかけて、丁寧に関係を紡いでいく必要があります。

精神科医の中井久夫氏も指摘するように「餌づけではなく「人づけ」、つまり主に「人間の中にはそれほど有害でなく強引でもなく限度内であなたの役に立とうとしている者がある」ことを強制性なしに伝達」することが大切なのです（中井久夫『家族の深淵』みすず書房）。

押し売りめいた訪問支援は有害無益なものでしかありません。その意味で私が訪問支援スタッフの資質として重視するのは「前向きであること」や「ポジティブさ」ではありません。むしろ、人の心に介入することに対するためらいや恥じらいの感覚、他者へのおそれと自らの行為に対する懐疑を常に忘れないことです。

八　メール、ネットの利用

ひきこもり支援の現場において、メールやインターネット上の掲示板の利用が有用となる場合が少なくありません。一定の限界があることをふまえて言うなら、直接の面接以外のさまざまなメディアや手段も積極的に活用されるべきでしょう。

何よりもネットは情報収集のツールとして役に立ちます。ひきこもりの支援機関や居場所、自助グループの情報などは、書籍などの情報以上に、ネットで検索するほうが集めやすいのです。もちろん情報の質については玉石混淆でもありますが、基本姿勢を定めて活用するなら、これほど便利なものもありません。親世代にはまだパソコンやネットを敬遠している人が少なくありませんが、もったいない話だと思います。

治療場面では私もしばしばメールを用いますし、なかなか来院できないケースでは本人あての短いメッセージを家族に託したり、家族相談の時間を利用して本人と電話で話したりするといった工夫を取り入れています。こうしたやりとりは、必ずしも直接の改善につながるとは限りません。しかし、治療関係、信頼関係を保つという点では、しばしば有効です。

私が知る限り、ネット上で獲得された人間関係はそれほど長続きしないことが多いのですが、いったん直接に出会って知り合った者同士の関係を保っていく上では、ネットメディアはきわめて有効です。集団適応支援の現場においても、親しくなった仲間同士が、携帯メールやメーリングリスト、SNS（ソーシャル・ネットワーキング・サービス）を活用しつつ交流を深めていくことは珍しくありません。

ただし、頻度はけっして多くありませんが、時に「インターネット依存」のような状態に陥る事例もあり、注意が必要です。とりわけ深刻化しやすいのはオンラインゲーム依存で、一日に十数時間もプレイし続けて、日常生活が破壊されてしまうこともあります。スマートフォンの使用も依存傾向を誘発する場合がありますが、基本的な対応方針はパソコンと同様とお考え下さい。

そうした場合には何らかの方法で接続時間を制限し（私は目安として「六時間以内」に設定することが多いです）、どうしても約束が守れない場合はインターネットのプロバイダ契約を更新しないと予告して実行するようなことも必要になってきます。

ここで注意していただきたいのは、親が感情的になってパソコンを壊したり回線を切断したりといった「暴力」をふるうべきではない、ということです。こうした強引な手段は、しばしば激しい暴力のきっかけになりやすいためです（プロバイダ料金の支払い停止は暴力ではありません。本人がゲームを続けたければ、自分の小遣いなりバイト料なりで支払いをすればよいのですから）。

これからパソコンを導入しようという家庭でネット依存を避けたいと思うなら、パソコンはリビングにしか置かないとか、無線ＬＡＮを設置しない、パソコンは家族の共用として使用の時間割を決める、といったやり方もお勧めできます。

ネット依存の治療の難しいところは、酒やタバコのように、「完全にやめる」という選択がありえないことです。他者とつながるにしても、あるいは就労に際しても、いまやインターネットスキルはほとんど必須とされます。それゆえ治療の目標は「ネットとうまくつきあう」ことになるでしょう。もちろん使い方次第では、ネットもパソコンもひきこもり支援を支える大切な手段とも言えます。いたずらに遠ざけるのではなく、上手に活用する方法を工夫したいものです。

九　「お金」ならびに「ライフプラン」の重要性

ここまでは「いかにひきこもりを受容するか」について述べてきましたが、受容の枠組み、すなわち限界設定についても簡単に触れておきたいと思います。

本人のひきこもり生活を支える上で、どの家庭でも考慮しておくべき「限界」が三つあります。「寿命」「お金」「暴力」です。暴力については後で述べますので、ここでは「寿命」と「お金」という問題の取り扱いについて検討してみましょう。

本人に社会参加を望むのであれば、「お金」は必須です。店に行って、お金を払って、物を買うということ。これは、もっとも簡単にできる社会参加の第一歩でしょう。だからこそ定期的に「小遣い」を与える必要があるのです。

お金を渡さなければ必要に迫られて自分から働きはじめるのではないか、と考えるご家族は多いのですが、実際にはそうはなりません。後でも述べるように、お金を使わない生活に慣れてしまうだけです。

あるいは「必要に応じて」お金を渡す、という与え方もありますが、これも間違いです。小遣いの渡し方にはルールがあります。月給制、すなわち「毎月一定額を渡す」という方針です。一定額の枠をしっかりと守ることで過剰な浪費を予防できます。

それればかりではありません。ひきこもりにおいて最も避けるべき事態は「欲がなくなってしまうこと」です。親への気遣いから「もう小遣いは要らない」と拒否するケースも少なくありません。しかし、拒否をいいことに渡さずにいると、いっさいお金を使わず、ひたすら無為に過ごす生活に陥ってしまいます。

ひとつには浪費を防ぐため、あるいは欲望の枯渇を防ぐためにも、ここは強引にでも定期的にお金を与え続ける必要があるのです。

金銭問題に「寿命」、すなわち親亡き後の問題をからめて考えるなら、ライフプランと相続についてもしっかり考えておかなければなりません。とりわけ当事者の高年齢化がいよいよ深刻化しつつある昨今、もはやこの問題は避けて通れないものになりつつあります。

経済的な見通しについて言えば、今後もし親に万が一のことが起こった場合に家族の経済事情はどうなるのか、この点を具体的な数字に基づいて話し合っておく必要があります。資産や借金がどのくらいあるのか。保険金はどの程度期待できるのか。相続はどのようになるのか。相続に関して言えば、この機会に遺言状を作成しておくことも検討しておくべきでしょう。こうした話し合いは、本人に危機感を植え付けるためではなく、本人をひとりの大人として信頼し、その判断にゆだねるためになされることになります。

経済的に本当に余力がなく、本人の扶養がこれ以上は難しい場合は、現実的なタイムリミットを設定しておく必要もあるかもしれません。これも「あと何年以内になんとかしてくれ」ということを言うためではなく、ご両親が「われわれの老後の生活を考えると、あなたを扶養していけるのはあと○年が限界だ。それ以降は障がい基礎年金から生活保護を受給しつつ別々の生活をしていこう」ということを宣言するわけです。利用可能な福祉制度については後ほど説明します。

本書の後半ではファイナンシャルプランナーの畠中雅子さんが、ひきこもり事例を抱えた家庭のライフプランについて、具体的に説明をしておられますので、詳細はそちらをご覧下さい。

ここでは一点だけ、資産と就労の関係について触れておきます。家の資産に余裕があることを本人が知ると、就労意欲がなくなってしまうのではないかと心配する家族もいます。中には「もう家にはお金がない」「親が死んだらどうするの」といった脅しめいた言葉で本人を動かそうとする家族もいます。しかしそうした言葉で追い詰めても、本人からは「ホームレスになるからいい」「どうせ自殺するから」といった自暴自棄な言葉が返ってくるだけです。

マズローの解説のところで述べたとおり、「食うため」ではなく「承認のため」「自尊心のため」に働く若い世代にとっては、資産の有無はあまり問題になりません。むしろ家の資産状況を具体的に知ることで、社会参加へのリアルな意欲が芽生えてくることも期待できます。

わが子の前でお金の話をしない、というのは、悪い意味での子ども扱いです。先述した「上から目線」の押しつけや説得もそうですが、ひきこもりの多くの問題が、こうした子ども扱いから生じてくることを考えるなら、それをやめることをためらう理由はないでしょう。

一〇　福祉サービスの利用

ライフプランを検討した結果、本人を支えるにはどうしても限界があるという結論に達する場合もあるでしょう。そうした場合は、福祉サービスの利用についても考えておく必要があります。本人に生活保護や障がい年金の受給などと言うと、「自分は病気じゃない、障がいじゃない」と反発するかもしれませんが、経済的な限界とセットで説明すれば、わかってもらえると思います。

福祉制度の利用は、必ずしも「就労不可能」「社会参加不可能」の烙印ということにはなりません。むしろ「親亡き後」も生存の危機にまで追い詰められる心配はないという保証のもとで、新たな社会参加の可能性をさぐるために積極的に活用されるべきものでしょう。

さて、福祉サービスのほとんどは、本人が医療機関にかかっていることが受給の前提となります。治療を受けていなければ精神障がいとは認定されません。ここでは「ひきこもり」に関連がありそうなサービスに限定して、その概要を述べておきますが、より詳しいことについては、書籍やホームページなどで確認されるか、自治体の障がい福祉課などの窓口に相談して下さい。

1　精神障がい者保健福祉手帳

精神障がいのため長期にわたり日常生活や社会生活に不自由がある人を対象として、福祉手帳が交付されます。手帳の交付を受けると、日常生活や社会生活に障がいがあることが証明され、生活面でさまざまな支援が受けられます。手帳の等級は、障がいの程度によって１・２・３級まであります。

受けられるサービスは、具体的には自立支援医療費給付手続きの簡素化や生活保護障がい者加算、駐車禁止除外指定車標章の交付、交通機関の運賃減免、公共施設等の利用料減免、自治体運営住宅への入居優先などがあります。ほかにも携帯電話料金の障がい者割引サービスや映画館や劇場の入場料金などに割引制度があります。ただしこれらのサービスは、自治体や等級によって異なることがあるため注意が必要です。

また、手帳を持っていれば、就労に際して「障がい者枠」を利用できます。

2 自立支援医療制度

精神科に通院している場合、障がい者自立支援法に基づく自立支援医療制度（精神通院）を利用できます。これは精神疾患により通院医療が継続的に必要な方の医療費の自己負担分を公費で負担する制度です。

この制度を利用することで、通院治療の自己負担額が医療費の一割となります。さらに疾病の程度や世帯の所得状況に応じて、一カ月あたりの自己負担額に上限が設定される場合があります。診察のみならず、デイケアなどの利用にも使えます。

申請は自治体の福祉課などにある自立支援申請窓口で行います。ここで申請用の診断書をもらい、通院先の担当医に記入してもらい、それをもう一度窓口に行って提出すれば申請手続きは終わりです。申請後は二年に一度の更新手続きが必要になります。うっかり更新を忘れると最初からやり直しになりますので注意が必要です。

3 障がい年金

病気・障がいなどで日常生活や就労が困難になった場合に支給されます。国民年金加入者の場合は障がい基礎年金、厚生年金加入者の場合は障がい厚生年金、共済年金加入者の場合は障がい共済年金が、それぞれ支給されます。ただし、年金を受けるには次の三つの要件を満たしている必要があります。

- 障がいの原因となった傷病の初診日が国民年金、厚生年金の被保険者期間中または共済組合の組合員期間中にあること。
- 障がい認定日（初診日から一年六カ月を経過した日）において障がいの程度が政令で定められた一定の基準以上の状態であること。
- 初診日の前日までに一定期間の保険料が納付されていること。ただし、二〇歳に達する前に初診日（被用者年金の加入期間中ではない）がある傷病で障がいになった場合は、二〇歳に達したとき（障がい認定日が二〇歳以上の場合はその障がい認定日）に障がいの程度が１級または2級の状態にあれば、障がい基礎年金が支給されます。

なお、障がい年金は精神病でなければ受給できません。つまり、神経症やＰＴＳＤなどの診断では申請が認められにくいようです。対象となる疾患名としては、統合失調症、双極性障がい（躁うつ病）、非定型精神病、てんかん、中毒精神病（アルコール中毒等）、器質精神病（頭部外傷後遺症、脳炎後遺症等）、発達障がい及び知的障がいなどです。また「障がいの程度」の等級は下記のとおりです。

1級――他人の介助を受けなければほとんど自分の用を弁ずることができない程度

2級――必ずしも他人の助けを借りる必要はないが、日常生活はきわめて困難な程度

障がい基礎年金の場合、1級で年間一〇〇万円程度、2級で年間八〇万円程度といった支給額ですが、年金の種類ごとに額は多少異なります。

＊障がい厚生年金には「3級」があります。詳細は日本年金機構のホームページを参照して下さい。
https://www.nenkin.go.jp/service/jukyu/shougainenkin/jukyu-yoken/20150401-02.html

申請に当たっては精神科医による診断書が必要となります。もちろん本人がまだ受診していなければ申請は不可能ですし、現在も定期的に通院し続けていることも必須条件となります。

本人には知らせず内密に受給することはできません。障がいありとみなされることを本人が嫌がったり、家族や親族が不名誉なことだとして反対したりする場合もあります。親族は別として、本人を含む家族全員の同意を得た上で申請することが望ましいでしょう。

担当医のＯＫが出たら、申請窓口で診断書を含む申請用の書類一式をもらいます。国民年金ならば市（区）役所あるいは町村役場の国民年金担当課が、厚生年金ならば社会保険事務所が、共済年金ならば各共済組合が窓口です。

もらってきた診断書の記入を主治医に依頼することになりますが、治療歴が長い場合、複数の診断書が必要となります。申請が通るまでに、数カ月間を要することになります。

ご参考までに、二、三補足しておきます。障がい年金の申請が通るかどうかは、かなり地域差があります。一般的に東京や神奈川は通りやすいようですが、地域によってはなかなか通らない場合もあります。ただし、年金の申請は繰り返し行うことが出来ます。一度申請して却下されたからといって、あきらめることはありません。時期を見て再申請して通ったケースもあります。

4 生活保護

障がいの程度が軽い、あるいは保険料の未払い期間があるなどの理由で障がい年金の受給が難しい場合は、生活保護の申請をすることになります。

年金の場合とは異なり、生活保護の場合は、生活費以外にも家賃や医療費、教育費などが生活保護費から支給されます。ひきこもっている人の「親亡き後」を考えるなら、たとえ障がい年金を受給していても生活保護も合わせて申請するほうがよいでしょう。

現在治療中の人が受給を考える場合、まずは担当医に相談した上で、とりあえず単身生活をはじめてもらいます。賃貸住宅の場合、自治体ごとに定められた家賃の上限がありますから、あらかじめ調べておく必要があります。

ただ、本人が両親と同居していても、世帯分離の手続きをすれば受給可能な場合もあります。もちろん不動産を含めて一定以上の資産があると受けられません。また多くの場合、就労不能を証明する医師の診断書が必要になりますし、もちろん通院は続ける必要があります。

また障がい年金受給が可能な場合は、そちらの優先を勧められることになると思います。加えて生活保護の場合は、定期的に福祉ケースワーカーの訪問があります。手続きなどの詳細は、民生委員、市(区)福祉事務所、町村役場福祉担当課にお尋ね下さい。

5 生活困窮者自立支援制度

生活保護受給に至る前の段階にある生活困窮者に対し、その自立に向けた相談支援を行うとともに、居住支援や就労支援、家計支援など、生活全般にわたる包括的な支援を行う制度として、平成二七年四月から施行された制度です。ひきこもり地域支援センターとの連携によって、ひきこもり当事者の支援に活用することが推奨されています。ネット上に利用事例の紹介もありますので、参考にしてみてください。

自立相談支援機関の相談窓口は、都道府県および市の福祉担当部署や社会福祉協議会、社会福祉法人、ＮＰＯなどに設置されています。自治体によって設置される機関が異なることがあるので、相談窓口の連絡先については、お住まいの都道府県や市町村にお尋ねください。

6　高額療養費

入院治療などで医療費が高額になった場合、一定額を超えた分について申請すると、支給が受けられる場合があります。まずは病院の受付で利用可能かどうか尋ねてみて下さい。担当窓口は国民健康保険なら市(区)町村役場、社会保険なら社会保険事務所になります。

7　心身障がい者扶養共済制度

心身に障がいを持つ者の保護者(＝加入者)が、生存中に一定額の掛け金を納付することで、加入者に万が一のことがあった場合に、遺された障がい者に生涯にわたって一定額の年金を支給する制度です。

8　生活福祉資金貸付制度

生活福祉資金貸付制度は、低所得者、障がい者(身体障がい者、知的障がい者、精神障がい者)または高齢者に対して、経済的な自立と社会参加の促進を図り、安定した生活を送れるようにするために資金を貸付ける制度です。都道府県の社会福祉協議会が実施主体で、低利子・無利子での貸付制度であり、安心して利用することができます。

9　日常生活自立支援事業

日常生活自立支援事業は、認知症の高齢者、知的障がい者、精神障がい者等のうち判断能力が不十分な者に対して、福祉サービスの利用などに関する援助を行うことにより、地域において自立した生活が送れるよう支援する事業です。

10　地域生活支援事業

障がい者がその能力や適性に応じて自立した生活を送れるようサポートする事業です。地域の特性に応じたさまざまな支援の形があります。

具体的には、住居のあっせんや成年後見制度、日常生活用品の給付などの相談に乗ったり、地域活動支援センターなどで社会参加や生産活動の機会を提供したりする事業を行います。発達障がい者支援センターの活動もこの事業の一環で、発達障がい者やその家族の相談に応じており、関係施設と連携しながら地域における総合的な支援体制の整備を目指しています。

11　就労移行支援事業

最近、ひきこもり状態から就労移行支援事業を利用して就労に成功するケースが少しずつ増えてきています。主として一般企業での障がい者枠での就労を目指す人向けに、マナーや身なりの習得から徐々に職業習慣を身につけ、事業所の見学やトライアル雇用をへて、段階的に就労に結びつけるための事業です。就労の手前で足踏みをしている当事者にはかなり有意義な支援であるように思います。

一一　家庭内暴力への対応

ひきこもり状態の約一～二割に慢性の家庭内暴力が伴うことが知られています。

適切な対応法が十分に共有されていないため、今なお家庭内暴力による親殺しや子殺しの悲劇が後を絶ちません。暴力が介在すると、適切なひきこもり対応はほとんど不可能になってしまいます。

このため暴力への対応法の基本を最後に述べておくことにします。

家庭内暴力と向き合う際に最も大切なことは、

「暴力の徹底拒否」という基本姿勢をしっかりと守ることです。

　両親の側に世間体を気にしてことを荒立てたくないという思いがあったり、本人の養育について罪悪感を持っていたりすると、毅然として暴力を拒否することが難しくなります。しかし、いかなる理由があろうとも、暴力は容認されるべきではありません。「このぐらいは仕方がない」というためらいがあると、拒否を貫くことが難しくなります。

　暴力拒否の手段としては「開示・通報・避難」が基本方針となります。

　家庭内暴力が慢性化するメカニズムのひとつに「密室化」があります。これは家族が誰にも相談できず、また第三者の介入を要請できない状態を指しています。こうした密室をつくらせないように、相談や介入を通じて、いま家族に起きている問題を家の外へと積極的に「開示」することが大切です。

　激しい暴力には警察への通報も辞さない覚悟が望ましいのですが、ここで重要なのは、「暴力が起きたら通報する」ことを予告しておき、起きたらその通りに実行する、という毅然とした対応です。世間体を気にしたり報復を恐れたりしてこの方針がぶれてしまうと、かえって本人のいらだちを刺激する結果になりかねません。

　暴力の対象である家族（しばしば母親）の一時避難も有効です。これについても本人の心理状態に配慮しつつ、①暴力直後の避難、②避難直後の電話連絡、③一時帰宅のくり返し、といった手順をタイミングをはかりながら慎重にすすめていけば、鎮静化するのはそれほど難しいことではありません。

　ここで特に注意してほしいのは、通報も避難も、「家族が真剣に暴力を拒否している」ことをアピールするためのパフォーマンスである、ということです。通報から逮捕、強制入院などに至ったり、避難が長期化して別居状態になったりしてしまうようでは本末転倒だからです。

　家庭内暴力のような緊急性の高い問題について、

強制的な入院治療といった〝過剰防衛〟による弊害をふせぐためにも、初期段階の介入として「開示・通報・避難」を強く推奨しておきます。その さい支援者は、治安や社会防衛のためではなく、家族と本人の双方を暴力の悪循環から守るために助言と協力をなすべきでしょう(詳細は巻末の著者紹介に挙げた拙著などを参照して下さい)。

おわりに

ひきこもりの高年齢化が急速に進行しつつある現在、ひきこもり支援において「サバイバル」は喫緊のテーマとなりつつあります。「社会参加」以上に「生き延びること」。一見相反する目標にも見えますが、実はこの二つはほとんど重なります。「承認」をめぐる葛藤から自縄自縛になってひきこもり続けていた人が、はじめてリアルな「生存」のテーマに接することで、堂々巡りから抜け出せるかもしれないからです。

もちろん、何歳からでもひきこもりからの脱出は可能です。しかし、就労条件や支える両親の経済力、体力などを考えると、年齢が高くなるほど社会復帰が困難になってしまうという現実も無視はできません。その意味からも本書の柱である「ライフプラン」は、家族による支援をリアルに考えていくために避けて通ることができない重要なテーマです。

よい条件がそろっていて、治療が理想的に進んだとしても、安定した社会復帰には数年単位の時間がかかります。しかし、あきらめなければ、変化の芽はいたるところにみつかるはずです。長い戦いになりますが、ご家族には、希望と信頼を手放すことなく、粘り強くご本人をささえていただきたいと思います。

Ⅱ　ひきこもりのライフプラン

畠中雅子

はじめに
――まずは「働けない状況が続く前提」でプランを立てる

私のふだんの仕事は、生命保険の見直しや住宅ローンの組み方、教育資金の準備法、高齢者施設への住み替えプランなど、生活全般にまつわるお金のアドバイスです。具体的には新聞や雑誌に原稿を書いたり、記事の監修をしたり、セミナーや講演会でお話ししたりしています。並行して約三〇年前から、「働いていないお子さんの生活設計」に関するアドバイスもしてきています。最近では、働けないお子さんの将来を案じる相談を受ける機会が増えています。

「働いていないお子さんの、将来の暮らしを考えたライフプランを立てる仕事が増えています」などとセミナーで話しますと、以前はかなり驚かれたものですが、最近では「ひきこもりのサバイバルプラン®～親亡き後を生きるために～」と題したセミナーを行う機会が増えています。働けないお子さんを抱えたご家族から、個別相談を受ける機会も多くなりました。そのような方々の悩みを解決しようと、自分なりにいろいろ考える中で、少しずつアドバイスに結びつくようなコメントができるようになってきました。それが、本書でご紹介する「サバイバルプラン」です。

お子さんのひきこもり状態が長期化するほど、

親御さんもお子さんの「社会参加」に対する希望を見いだしにくくなります。同時に、お子さんの年齢が高くなるほど、相談先が減っていくという、やりきれない現実もあります。「相談の場が減る→社会復帰の可能性も低くなる悪循環」に陥っているご家庭も少なくないでしょう。

お子さんのひきこもり状態が長期化している場合、「この子がひとり残されたら、どうやって暮らしていくのだろう」と悲嘆にくれる親御さんも多いことと思います。ですが親が亡くなり、お子さんが残された場合、すべてのケースで生活は成り立たないのでしょうか。実は、「ノー」といえるケースは少なくありません。

実際、ひきこもりのお子さんのライフプランを立ててみると、親が持つ資産、あるいは持ち家を含む不動産の状況によっては、お子さんの生涯の生活設計を立てられるケースも少なくありません。そこで本書では、親の資産を活用することで、お子さんが一生食べていけるような「サバイバルプラン」を提案したいと思います。

サバイバルプランを立てる際に前提となるのは、「お子さんが働かなくても、生きていけるプラン」=「お子さんの一生涯の生活が成り立つプラン」を模索することです。いきなり「一生働けないことを前提としたプランを考える」と聞くと、親御さんは少なからずショックを受けますが、ショックはできるだけ早い時点で受けてしまったほうがよいと考えています。

サバイバルプランの検討を先送りするほど、お子さんは生活の変化を好まなくなりますし、実際にプランを立てても、転居などをしにくくなるからです。もちろん、途中でお子さんの状態が改善し、収入を得られるようになることは十分に考えられます。

たとえば、正社員として勤めるのは無理でも、アルバイトなどで収入を得られる可能性はあるはずです。就労支援を受ければ、契約社員になれる可能性もあります。親は、「正社員になること」にこだわる傾向がありますが、アルバイトの収入が継続して発生するだけでも、サバイバルプランはかなり好転します。正社員になるという高いハードルを越えなくても、アルバイト収入があるだけで、プランがかなり楽になる状況を提示し、安心してもらうことも重要だと考えています。

いずれにしても、サバイバルプランを作成し始める時点では、お子さんが正社員となり、継続した収入を得るようなプラスの材料は考慮しないことにしています。まずは最悪の状況(＝働けない状況が永久に続く場合)でも、お子さんの生活が成り立つのかどうかを確認する作業が重要だからです。

一　親の資産・負債の洗い出し

1　資産の洗い出し

これから検討するサバイバルプランは、働けないお子さんが親の持つ資産、あるいは本人の公的年金などを活用して生活を維持することを目指すプランです。そのため、親の資産、負債を洗い出すことから始めます。正確な金額を出すのは難しいかもしれませんが、まずは大まかな目安を把握できれば十分だと思います。

資産は、①現金預金などの流動資産と、②不動産に代表される固定資産、に分けて考えます。この二つの資産のバランスによって、プランの立て方が変わることが多いからです。サバイバルプランの成否を左右するのは、「お子さんの一生の住まいが確保できるかどうか」という問題です。現在の住まいが持ち家であれば、そこを起点にお子さんの住まいの確保を考えるのが自然なことです。

しかし、お子さんの将来の生活資金が足りなくなることが今からわかるようでしたら、場合によっては不動産を売却し、お子さんを含めた住み替えを検討することも必要でしょう。また、自宅があったとしても、すでに築年数が数十年を経過している場合は、お子さんの一生の住まいにはできないかもしれません。売却する気持ちがまったくないとしても、「住まいの売却価値」を知ることは欠かせません。

まずは、それぞれの資産の把握方法を紹介していきます。

① 現金預金など

・**預貯金**――普通預金（通常貯金）、定期預金（定期貯金）などは、預金通帳を見ます。ネット専業銀行などでは通帳を用いないケースもありますので、その場合はネット上で残高を確認します。親がまだ現役で財形貯蓄をしている場合は、三月末と九月末締めの残高を記した残高通知書を見て、金額を確認して下さい。

・**国債・社債・株式・投資信託**――国債は購入した金額、社債は満期時に返ってくる金額、株式・投資信託は現在の価格（直近の終値）で計算します。

・**保険**――保険は、保険証書に書かれている保障内容を確認するとともに、解約した場合に受け取れる解約返戻《へんれい》金額を調べます。保険証券に解約返戻金額が記載されているものもありますが、記載がない場合は、保険会社に電話で聞きましょう。養老保険や終身保険、個人年金保険など、貯蓄性のある保険は解約返戻金も大きいため、預金と似たような役割を果たします。

② 不動産

土地やマンションの価格は、立地や建て方、築年数、経済状況などさまざまな条件により大きく変わり、正確にはじき出すことは非常に困難です。とはいえ、不動産価格をつかまないと、資産の総額がつかめないので、ここでは大まかに計算する方法を紹介します。また、一戸建ての家屋は年とともに価値が減少していき、売却時に加算の対象にならないケースもあります。築年数が古い家の場合、「古家あり」という条件での売却になり、家を壊す費用分を売却費用から差し引かないと売れないケースもありますので、サバイバルプランを立てる際は、資産額に上乗せしないのが無難です。

a 固定資産税課税明細書を利用する

持ち家の場合は、毎年四月から六月頃に固定資産税納税通知書が送付されてきているはずです。通知書の中には固定資産税課税明細書が同封されていて、この明細書には「価格」という項目があります。この価格を〇・七、あるいは〇・八で割ると、その不動産のおおまかな売却価格がつかめます。

手元に明細書がない場合は、固定資産税評価額を利用するとよいでしょう。固定資産税評価額がわからない場合は、都税事務所や県税事務所、市役所などの役所で確認します。

固定資産税評価額をインターネットで調べられる自治体もありますので、パソコンを利用している方は、ネット検索をしてみることをおすすめします。この評価額を〇・七、あるいは〇・八で割ると、先ほどと同様に価格が大まかにつかめます。

▼固定資産税の明細書が手元にある場合

価格(円)÷0.7 or 0.8

=本来の不動産価格(円)

▼固定資産税の明細書がない場合

住所地の都税事務所や県税事務所、または市役所などの役所で、固定資産税評価額を確認する。

固定資産税評価額(円)÷0.7 or 0.8

=本来の不動産価格(円)

b　路線価を利用する(土地のみ)

路線価は、道路に接している土地1㎡あたりの価格を表しています。路線価の単位は一〇〇〇円。たとえば、路線価が二〇〇とあった場合、土地1㎡あたりの価格は、二〇〇×一〇〇〇円=二〇〇、〇〇〇円=二〇万円ということです。まずは、自分が所有している土地の広さ(㎡)に路線価をかけて、土地の路線価における価値を知りましょう。

路線価がわかれば、次は実際の売却価格の目安を把握します。ここでも〇・七か〇・八で割るとおおよその売却価格がつかめます。路線価は、国税庁のホームページで調べることができます。国税庁のホームページを開いて、「路線価図」というボックスをクリックし、最新年度のページを開くと、都道府県の地図が出て来ますので、自分の家の前の道路が出るまで、検索して下さい。路線価図に自分の家の前の道路が載っていない場合は、固定資産税の納付通知でおおまかな価値をつかみましょう。

パソコンを使っていない方は、税務署や市区町村の役所などでも調べられます。路線価と土地の面積がわかれば、次の計算をすることにより、大まかな土地の価格が出せます。

路線価(千円)×土地の面積(㎡)÷0.7 or 0.8
=大まかな不動産売却価格(千円)

土地が複数の道路に囲まれている場合は、とりあえず、一番高い路線価で計算をしておきましょう。借地の場合は、全体の不動産価格を算出した後、借地権割合(〇・六や〇・七など)を掛ければ、自分の持ち分の価値を計算できます。ただし借地権の場合は、地主への承諾料が必要になるなど、路線価のままの価値で売却できるわけではありません。そのため、路線価図から算出された金額よりも、一~二割程度、少ない金額を目安にしたほうが無難です。

実際に計算したい方は、国税庁のホームページに計算例があるので、それを参考にして下さい。借地権割合がわからない場合でも、ホームページに借地権割合が書かれているので、借地割合を調べましょう。路線価が定められていない土地を持っている場合は、前述の固定資産税評価額を利用します。

c マンション価格

マンション価格については、同じマンションの中で売り出している部屋があって、ポストにチラシが投函されていれば、そのチラシを保管しておきましょう。地元の不動産業者に「すぐに売却する予定はありませんが、今売るとしたら、いくらくらいで売却できますか?」などと聞いてみる方法もあります。

ほかにも、ネットでマンション名を登録しておくと、定期的に「今の売却予想価格」を教えてくれるサイトもあります。私は事務所として使用しているマンションを二〜三年に一度程度、不動産の無料査定サイトを使って、売却価格を確認しています。必要な情報を入力すると「マンション名部屋番号　２０２０年○月○日　○○○○万円」という売却予想価格が記載されたメールが届きます。このような無料のサービスを使うことでも、マンションのおおまかな売却予想価格をつかめます。

2 負債の洗い出し

住宅ローンやその他のローン（キャッシングも含む）、あるいは奨学金の返済などがある場合、それらは負債として計上します。住宅ローンの残高は返済（償還）予定表や融資額残高証明書で、その他のローンは明細書やインターネットで調べることができます。負債の残高が不明な場合は、借り入れ先に電話で問い合わせて、現時点の残高を確認するとともに、返済予定表を作成してもらいましょう。

3 活用できる資産の洗い出し

右で計算した資産の総額から、負債の総額を引いたものが、活用できる資産（純資産）となります。負債が減ると純資産は増加しますし、貯蓄が減ると純資産は減少します。活用できる資産の洗い出しは、定期的に行う必要があるでしょう。

その際は、次頁のような一覧表にまとめると、全体を見やすくなります。パソコンが使える方は、エクセルなどを利用して一覧表を作成すると、純資産の増減もつかめるはずです。

（資産の総額）－（負債の総額）
＝活用できる資産（純資産）

二　親の収入・支出の確認

資産の洗い出しを終えたら、次は親の収入と支出をチェックしましょう。年間収支の把握ができれば、今後の生活設計が立てやすくなります。親の年間収支が黒字であれば、その分だけお子さんに遺せる資産は増えていき、赤字ならばその逆に

資産と負債のバランスシートの例

資　産		負　債	
現金	30 万円	住宅ローン	800 万円
普通預金	100 万円		
定期預金	2000 万円		
財形貯蓄			
国債などの債券	150 万円		
株式	230 万円		
投資信託	80 万円		
貯蓄型の保険			
その他(個人年金保険)	300 万円		
その他(　　　)			
A. 預金などの合計	2890 万円	C. 負債合計	800 万円
自宅の土地	1500 万円	活用できる資産額(純資産)	
自宅マンション		A＋B－C＝4040 万円	
自宅以外の不動産	450 万円		
B. 不動産の合計	1950 万円		
資産合計(A＋B)	4840 万円		

なります。お子さんに遺せる資産を把握するためにも、収支を把握することは欠かせません。

とはいえ、「子どものことで手一杯で、とても家計簿をつけるところまで手が回らない」という親御さんもいるのではないでしょうか。そのような場合は、家計簿をつけることにこだわる必要はありません。以下の方法を参考にして、月々の収支を記録していきましょう。

1 収入

① 給与収入の場合、給与明細書や源泉徴収票で確認をします。総収入額ではなく、税金や社会保険料を差し引いた、実質の収入(手取り収入)を把握します。

② 年金をもらっている場合、毎年六月に送付される年金振込通知書に記載されている控除後の振込額を確認します。

③ 家賃や駐車場などの賃貸収入がある場合、収入がいくらで経費がどのくらいかかっているのかを計算します。

赤字にならない年金家計簿例

年金月額 24 万円のご家庭

収入	24 万円
食費	5 万円
日用雑貨費	1 万円
光熱・水道・電話代	3 万円
教養娯楽費	1 万 5000 円
レジャー費	1 万 5000 円
交際費	2 万円
医療費	2 万円
被服費	1 万円
夫こづかい	2 万 5000 円
妻こづかい	1 万円
雑費	5000 円
社会保険料など	3 万円
支出合計	24 万円

年金月額 16 万円のご家庭

収入	16 万円
食費	3 万円
日用雑貨費	1 万円
光熱・水道・電話代	2 万円
教養娯楽費	1 万円
レジャー費	1 万円
交際費	1 万円
医療費	1 万円
被服費	5000 円
夫こづかい	2 万円
妻こづかい	1 万円
雑費	1 万円
社会保険料など	1 万 5000 円
支出合計	16 万円

右記の収入は金融機関に振り込まれているのが一般的ですから、通帳の金額を書き出して、収入を合計しておきましょう。

2 支出

支出のつかみ方は、「ノートや手帳に書き出す」「市販の家計簿を利用する」「パソコンで管理をする」「記帳した通帳を利用する」「スマートフォンのアプリを利用する」など、自分に合ったやり方で構いません。中には、今まで家計簿にチャレンジしたことはあるものの、結局は続かなかったという方もいると思います。そのような場合は、とりあえず三カ月間だけは頑張って家計簿をつけてください。三カ月間だけでも家計簿をつけると、ひと月の支出の平均額がつかめます。

月々の支出は細かく記録している方でも、冠婚葬祭費やレジャー費、固定資産税や自動車税などの特別出費まで、きちんと管理しているケースは多くありません。食費や日用品費、通信費、被服費、交際費……などと、費目を細かく分けて一生懸命家計簿をつけても、特別出費の管理がずさんだと、正確な年間収支はつかめません。月々の細かい出費にこだわっても、年間の収支がきちんとつかめなければ、この後にご紹介する通帳の残高を比較するだけの簡便な方法のほうが、手間いらずで、確実だと思います。

支出が収入を大幅に上回っていて、貯蓄が減るペースが速い家庭は、時間の経過とともに、サバイバルプランの原資が不足する可能性があります。赤字が多い家庭は、支出に偏ったところはないか、改善できそうなところはないかをチェックし、できれば家計簿をきちんとつけて、出費の無駄を削る努力が必要になります。

年金で生活する際の予算配分がわからないという方のために、前頁に年金月額一六万円と二四万円の二ケースで家計簿の例を紹介しましたので、各費目の参考にして下さい。

3 貯金簿®の活用

貯金簿は、私(畠中)が三〇代のときからつけている資産残高の推移を記録したノートです。預貯金の残高、運用商品の時価、貯蓄性のある保険の支払保険料総額を、継続的に記録することで、資産の増減をつかんでいます。私はフリーランスという不安定な働き方をしているので、三カ月に一度のペースで記帳していますが、ボーナスのある会社員の方はボーナス月の年に二回で良いと思います。いっぽう、年金暮らしの方は年金が支払われる偶数月に年六回の記帳をおすすめしています。

最近ではサバイバルプランのセミナーでも、貯金簿をご紹介して、記帳してもらうように促しています。貯金簿では、家計簿を一年間付け続けるよりもずっと簡単に、「本当の年間収支」がつかめます。実のところ、家計簿をつけているだけでは口座の出入金を含めた実際の黒字や赤字、つまり「本当の年間収支」はわかりません。口座からの自動引き落としで支払っている特別支出の記入漏れなどはよくあることですし、預金利息や株式の配当金など、入金のすべてを家計簿の収入欄に記入している人はほとんどいないでしょう。

こうした見落としやすい出入金に関しても、貯金簿を付けていれば見落とさずに済みます。貯金簿は残高の変化で「どのくらい黒字なのか、あるいは赤字なのか」をつかむのが目的ですが、家計簿上での記帳漏れや家計簿には記入しづらいお金も、貯金簿にはきちんと反映されるからです。貯金簿の見本は五二―五三頁に掲載していますので、ぜひ、参考にしてみてください。

三　親の住み替え

1　親の緊急入院や介護を想定しておく

将来的には、働けないお子さんと別居する可能性があるかもしれません。こう書くと意外に思われる方がいるでしょう。多くの親御さんは、お子さんと一生同居し、死ぬまで自分たちが面倒を見なければならないと考えていることが多いからです。しかし、親の健康状態によってはそれが叶わないケースもたくさんあります。

お子さんがひきこもっていても、親が病気にかかったり、要介護状態になるリスクは、一般の家庭となんら変わりありません。たとえば親御さんが、突然、脳の病気で倒れたとします。救急車を呼ぶまではお子さんが対応してくれると思いますが、救急車を呼んだあと、病院に付き添って、スムーズに入院の手続きができるでしょうか。手術が必要になれば、同意書などへのサインも必要になります。

救急車で搬送されて、その後、入院することになった場合、入院に必要なものを自宅から届けたり、購入する必要も出てきます。入院が長引けば、退院する前に入院費の途中精算も必要です。ふだんの生活で、手続きなどをする機会の少ないお子さんが、入院中や退院時の金銭的な支払いを含めたさまざまな手続きをおこない、自宅に戻った親御さんの世話をするのは難しいケースも多いはずです。

また介護については、親子同居にこだわったために適切な介護が受けられず、お子さん自身もどうしていいのかわからないまま、時間ばかりが経

貯金簿® ①——銀行預金のみ

（単位：円）

金融商品・貯蓄性のある保険・運用商品など				2018 年 12 月	2019 年 6 月	2019 年 12 月
預金	夫	A 銀行 銀座支店	普通預金	349,203	356,473	356,482
			定期預金	1,554,437	1,554,443	1,554,443
		B 銀行 新宿支店	普通預金	398,562	374,627	585,439
			定期預金	274,938	274,950	275,002
		C 銀行 新宿支店	普通預金	139,840	362,873	273,628
			定期預金	2,206,944	2,207,004	2,503,049
	妻	B 銀行 新宿支店	普通預金	389,482	384,738	223,847
			定期預金	1,295,833	1,295,987	1,296,001
		C 銀行 新宿支店	普通預金	283,758	132,330	129,848
			定期預金	1,000,023	1,000,043	1,000,056
		D 銀行 上野支店	普通預金	36,273	57,283	38,237
			定期預金	2,239,586	2,240,394	1,874,983
			貯蓄合計	10,168,879	10,241,145	10,111,015
			貯蓄増減	83,746	72,266	－130,130
			住宅ローン残高	5,432,383	5,163,726	4,888,049
			住宅ローン増減		－268,657	－275,677
			その他ローン残高			
			その他ローン増減			

過する可能性があります。介護度が重くなるほど、特別養護老人ホームや介護付有料老人ホームなどへの住み替えを検討しないと、適切な介護を受けられずに、放置されてしまう可能性もあります。

資金面についても、自宅で二四時間の介護が必要になった場合、ひきこもっているお子さんが介護の多くを担ってくれるのでない限り、介護費用が公的介護保険の給付額を超えてしまう可能性は高まります。生命保険文化センターの「生命保険に関する全国実態調査」令和三年度によりますと、ひと月の介護費用の平均額は八万三〇〇〇円。これはあくまでも平均額で、介護度が重くなると、公的介護保険の上乗せが必要になり、介護費用だけで毎月二〇～三〇万円を負担している家庭もよくあります。

住み替えを考えるのは気が進まないかもしれませんが、親が六〇代以上になったら、介護が必要になったときのことも必ず検討

貯金簿® ②——金融商品と保険が多いケース

（単位：円）

金融商品・貯蓄性のある保険・運用商品など				2020 年 2 月末	2020 年 4 月末	2020 年 6 月末
預金	夫	A 銀行新宿支店	普通預金	349,203	356,473	356,482
			定期預金	5,549,382	5,549,433	5,549,433
		B 銀行銀座支店	普通預金	398,562	374,627	328,473
			定期預金	2,206,944	2,207,004	2,170,022
	妻	B 銀行新宿支店	普通預金	389,482	263,532	223,847
			定期預金	1,295,833	1,295,987	1,296,001
		C 銀行東京支店	普通預金	283,758	132,330	129,848
			定期預金	2,239,586	2,240,293	2,483,921
			小計	12,712,750	12,419,679	12,538,027
保険	夫	D 生命	終身保険（月 1 万 2000 円）	312,000	384,000	456,000
		E 生命	個人年金保険（月 1 万円）	4,800,000	4,800,000	4,200,000
	妻	D 生命	終身保険（月 8000 円）	368,000	416,000	464,000
			個人年金保険（月 1 万円）	6,000,000	6,000,000	5,400,000
			小計	11,480,000	11,600,000	10,520,000
その他商品	夫	F 証券	株式	2,738,372	2,828,374	2,848,374
		G 証券	投資信託	1,274,839	1,304,922	1,420,394
	妻	F 証券	投資信託	1,583,923	1,574,834	1,698,333
			小計	5,597,134	5,708,130	5,967,101
			貯蓄合計	29,789,884	29,727,809	29,025,128
			貯蓄増減	53,746	−62,075	−702,681
			その他ローン残高			
			その他ローン増減			

してほしいと思います。

2 介護付有料老人ホームへの住み替え

現実的に介護が必要になり、要介護認定を受けた場合、住み替え先として頭に浮かぶのは、前述の特別養護老人ホームではないでしょうか。特別養護老人ホームは、国や自治体が運営している公的施設で、費用負担が比較的軽いことから、待機者が数十万人いるともいわれます。現在は要介護3以上にならないと、原則として申請はできなくなっていますので、以前よりも待機人数は減っているはずですが、いずれにしても、介護認定を受けたからといって、すぐに入所できるとは限りません。特に都市部では、待機期間が年単位になるケースもあります。

働けないお子さんがいるご家庭では、親御さんが介護状態になったとしても、すぐに施設入居を実行する親御さんはほとんどいないでしょう。親御さん側は、「自分の身体が動くうちは、この子と暮らす」と考えがちですが、介護状態が重くなれば限界がきます。そのため、親御さんに介護が必要になって、特別養護老人ホームへの申請ができる要介護3になるまでは、「特定施設入居者生活介護」の指定を持っている高齢者施設＝介護付有料老人ホーム、介護型ケアハウスなどへの住み替えを考えるのが現実的だと思います。

介護付有料老人ホームや介護型ケアハウスであれば、要介護1から（中には要支援1からＯＫのところも）入居できるいっぽうで、介護度が進んで要介護5になっても、食費や管理費などの月々のランニングコストに公的介護保険の一部負担分、加えて数万円程度の上乗せ介護費を支払うことで、二四時間の介護を受けられます。要介護の状態が認知症の場合は、グループホームも住み替え先の候補になります。いっぽう、介護度が軽い場合は、食事サービスのあるサービス付き高齢者向け住宅などが候補になるケースもあります。

親の年金だけで、親子の生活が成り立っているご家庭も多いので、親の施設の費用を負担するのは難しいご家庭もあるでしょう。ですが、親自身が健康なうちから、廉価な住み替え先を探しておくことによって、介護が必要な状態になってもサバイバルプランを成り立たせられるケースはあります。親側の年金額内で支払えるような施設を探すことによって、貯蓄が減るペースを抑えることも検討できるからです。いずれにしても、住み替えには一定の費用がかかるため、あらかじめ別居の可能性も考慮に入れて、親の住み替え費用を検討しておくことをおすすめします。

親子の別居をまったく想定せずにいたところへ、急に介護による住み替えが必要になってしまうと、お子さんのサバイバルプランに多大なる影響を与えてしまいます。現実には、自宅の階段から落ちて要介護状態になるなど、突発的なアクシデントから介護がスタートする家庭も少なくありません。

私は仕事で、数百件の高齢者施設の見学をしていますが、費用負担も施設側の介護体制も、施設ごとに多種多様だと感じます。そのため、比較検討するのにはとても時間がかかりますし、廉価で評判の良い施設は時間をかけて探すしかありません。ネットで簡単に情報が得られる高齢者施設は、紹介業者に紹介料を支払って入居者を集めている施設が多くなっています。紹介料を支払わないと、入居者が集められない施設に入居する可能性もあるわけです。いっぽうで、介護施設を探している方に私がご紹介する施設の多くは、広告宣伝費をほとんどかけていないのに、常に満床に近い運営をしている施設です。私自身も二〇年以上の時間をかけて見学を続けてきた結果、そのような施設の情報を得られるようになったわけです。

実際に見学を続けていて感じるのは、「費用が高い＝よい施設」「費用が安い＝介護がおろそか」とは限らないことです。費用負担が安く、介護態勢に定評があるところは人気が高く、入所に時間がかかるケースもしばしばです。人生の最期を、納得がいく高齢者施設で過ごすには、元気なうちから情報収集をしておくのが確実だと思います。

四　お子さんの収入・支出

1　国民年金は未払いにせず、免除申請の手続きを

家賃収入があるなどの特殊な場合を除けば、国民年金（老齢基礎年金）または障がい基礎年金がお子さんの主な収入になると考えられます。そこで注意しておきたいのは、現在お子さんが障がい基礎年金をもらっておらず、かつ、お子さんの国民年金保険料を滞納し続けている場合です。滞納状態が継続すると、国民年金をもらう権利（受給権）を失ってしまう可能性があります。

仮に、お子さんが六五歳から九〇歳までの二五年間、満額（年に約七八万円）の国民年金を受給できたとすると、その合計は約二〇〇〇万円になります。公的年金の受給権を失うと、親の遺すべき資産はこの分だけ増加してしまうのです。

逆に、お子さんが老後に国民年金を受給できれば、毎月の生活費の不足分だけを、親の遺した資産から取り崩していくプランを検討できます。国民年金が受給できるかどうかで、お子さんの生活設計が大きく変わる現実は重視するべきだと思います。

お子さんの保険料を納めたくても、家庭の事情で収入が減少していたり、親が年金生活に入るなど、現実には支払うのが難しい家庭もあるでしょう。そのような場合、「保険料の免除制度」の利用を検討してみてください。免除制度は、親やお子さんの所得に応じて、保険料の一部のみを納付すればよかったり、保険料の全額免除が受けられたりする制度です。

これらの制度が利用できれば、満額の年金は受け取れないものの、滞納扱いにされることなく、国民年金を受給できるほか、障がい認定を受けた場合に、障がい年金を受給する権利も得られます（老齢基礎年金と障がい基礎年金の併給は不可）。手続きや相談は、住所地の市（区）役所などの役所（国民年金担当窓口）で行えます。

2　生活保護の利用は最後の手段

「将来、生活保護を受けるつもりだから、国民年金は払わない」と主張される親御さんがいるかもしれません。実際、私が相談を受けた方の中にも、国民年金制度の先行きに疑問を持ち、保険料を支払うことを拒否する方がいらっしゃいます。しかしそのようなケースでも、滞納のまま放置するのはやめて、免除申請や一部納付の手続きをしておいてほしいと伝えています。

最終的に生活保護にいたるとしても、親の遺した資産があれば、それがいくばくかであっても、尽きかけるまでは生活保護の対象になりにくいからです。預貯金でいえば、残額が数万円(ひと月の生活費の半分程度)に減るまで、生活保護の申請ができないのが一般的です。生活保護が受給できるまでは、親の資産を取り崩して生活していくことになりますが、徐々に手持ちのお金がなくなっていく恐怖を、残されたお子さんが体験しなければなりません。精神的な苦痛は少なくないでしょう。

生活保護の受給をしなければ、お子さんのサバイバルプランが成り立たないご家庭では、「誰が申請に付き添うのか」についても検討しておかなければなりません。生活保護の申請や受給開始に当たっては、お子さん自身が手続きを行ったり、窮状を訴えたりしなければならない場面が出てきます。それを「やりたくない」と感じるのは当然として、「やりたくても、やれない」お子さんもいるはずです。ふだんの生活で手続きをする機会の少ないお子さんが、生活保護課でスムーズに手続きをするのは、考えにくいものです。どのような立場の人が付き添うのが適切かについては、適切なアドバイスはできないものの、弁護士や司法書士のような専門家のほか、専門家でなくても、家の事情が分かっている人が付き添うのが望ましいと思います。資金プランが厳しいご家庭では、付き添い者を探すことも親の役目だと考えています。

また、生活保護を申請する可能性があるのなら、生活保護の仕組みを理解する努力も必要です。私たちはよく「生活保護」という言葉を使いますが、生活保護は仕組みの総称に当たる言葉。加えて生活保護については、「受けられるか、受けられないか」の二択のように語られますが、生活保護の仕組みのうち、何を受けられるのかを知る必要もあります。

たとえば生活保護には、「生活扶助」「住宅扶助」「医療扶助」「教育扶助」「介護扶助」「葬祭扶助」など、用途による個別の扶助があります。これらのうち、働いていないお子さんに関係があるのは、食費や光熱費などに充てる「生活扶助」、家賃の支払いに充てる「住宅扶助」、医療費に充てる「医療扶助」などだと思います。生活扶助と医療扶助は、すべてのケースで必要になりますが、持ち家がある場合は住宅扶助費が支給されません。

ご相談者からはよく、「家があるから、生活保護は受給できませんよね？」と聞かれます。答えは、イエスでもあり、ノーでもあります。なぜなら、自宅があったとしても、その家の資産価値によっては、自宅を保有したまま、生活保護を受けられるケースもあるからです。資産価値の判断は、自治体ごとにある程度の目安があります。将来は自宅を保有したまま、お子さんが生活保護の受給を申請する可能性があるならば、居住地の基準を調べる必要もあるでしょう。自宅を保有したまま生活保護を受ける場合、住宅扶助費はもらわず、生活扶助と医療扶助を受けることになります。なお、生活保護が適用されると、固定資産税は免除になります。

生活保護については、サバイバルプランを立ててみて、親が持つ資産ではどうにもならないというご家庭で、検討すべき方法です。「生活保護ありき」で国民年金の保険料を滞納し続けると、生活保護の受給にうまくつながらなかった場合、サバイバルプランそのものが成り立たなくなるかもしれません。保険料を払うのが困難な場合は、繰り返しになりますが、保険料の免除制度や一部納付（所得に応じて免除割合は異なる）の制度を利用して、お子さんを無年金者にするのは回避しましょう。

3　お子さんの支出

お子さんがひとりで暮らす時期の支出をいくらと考えるかは、お子さん自身の生活能力によっても変動しますが、家賃負担のない家があって、多少の自炊能力がある場合、月々の生活費は一〇万円以下に抑えたいところです。一〇万円の中には、食費のほか、電気代、ガス代、水道代、電話代、インターネットのプロバイダ料、被服費、国民健康保険料、公的介護保険料などが含まれます。そのほか、毎月負担するわけではありませんが、固定資産税や家の修繕費用を、別途見積もって加えておく必要があります。

家賃負担のない家がある場合、生活費から国民年金の受給額を差し引いた金額が「ひと月の赤字額」になります。この赤字額に一二カ月を掛けて、固定資産税等を足すと、一年間の生活で出てしまう赤字額がある程度つかめます。家賃負担のない家があると、生活費の赤字額が抑えられるので、サバイバルプランが成り立ちやすくなります。

いっぽう、家賃を負担しながら生活しなければならない場合は、月々の生活費に、家賃分を上乗せして考えなければなりません。家賃を払って暮らす場合、家のあるお子さんに比べて月々の生活コストが多くなってしまい、年金で暮らす時期の赤字額も膨らみます。

たとえば、生活費がひと月一六万円だとして、もらえる年金額がひと月六万円だとすると、一年間の赤字額は一二〇万円にものぼります。二年ごとに更新料が必要な物件の場合は、更新料も見積もっておかなければなりません。お子さんひとりの時期が二〇年間だとすると、二〇〇〇万円をゆうに超える生活資金を残してあげなければならない計算になります。

持ち家がない場合、固定資産税や家の修繕費用といった「特別出費」に関する支出が少ない点でのメリットはありますが、できるだけ住宅コストを抑えるためには、家賃の安い住居を見つけることがサバイバルプランを成立させるためにも重要なポイントになります。

五　お子さんの住まい

1　お子さんの住まいを確保する

お子さんの老後の住まいをどうするのか。先述した通り、これはサバイバルプランの根底をなす課題です。お子さんが一生住める家を、お子さん自身の力で確保することは難しいため、親が元気なうちに用意をする必要があります。

しかし親にとっても、高齢になればなるほど住宅ローンは組みにくくなりますし、高齢期にまとまった資金が出ていくことは、避けたいはずです。ローンを組む必要のない賃貸住まいにしても、お子さんが自分で賃貸契約や更新契約を行いにくいため、できるだけ親が元気なうちに、お子さんの住まいの確保に動きたいところです。

お子さんが一生住める家を確保するために、自宅を建て替えるプランを提案するケースもあります。ただしお子さんの精神状態によっては、自宅を建て替えるためのわずか数カ月であっても、転居が難しいケースもあります。長年住み慣れた家（部屋）を離れることに、強い抵抗を見せるお子さんも少なくありません。とはいえ、住み替えをする必要がある場合は、時間をかけてお子さんを説得していくしかないでしょう。

2　小さめの家に建て替える

現在の住まいが古い一戸建ての場合、建て替えを検討した方がよいケースもあるでしょう。古い家に住み続けたお子さんがひとり残された後、自ら家の修繕や建て替えを業者に依頼することは難しいと思われるからです。また、家が大きいままだと光熱費などのランニングコストもかさむのが一般的です。

お子さん自身にかかる老後の生活費はできるだけ抑えたいので、現在の家が老朽化していて、お子さんが一生住めそうにない場合、小さめの家に建て替えるのも一法です。小さな家に建て替える際は、土地の一部を売却できるように、スペースを空けて建てることも検討してみてください。道路づけがよい場所なら、空いたスペースを駐車場として貸せば、建て替えによって減ってしまった資産を補うこともできます。

3　賃貸併用住宅に建て替える

利便性のよい場所に一戸建てを所有している場合、賃貸併用住宅に建て替えることを検討してみてはいかがでしょうか。その際、同じ屋根の下に住むとしても、お子さんと同居して、賃貸スペースを貸すプランだけでなく、お子さんと親の住まいを別々にする方法も検討できます。一例としては、親が住むスペースとは別に、お子さんの居住部分をワンルームや1DKにしてみるのです。お子さんの生活スペースを狭くしておけば、お子さんがひとりで生活をする際の光熱費などが抑えられます。

さらに、将来的に親が亡くなった後、親の住まいを賃貸に出せば、そこからも家賃収入が得られます。家賃収入があれば、その分だけ資産の減少が緩やかになるだけではなく、公的年金と合わせれば、サバイバルプランが成り立つ可能性はかなり高くなります。

とはいえ、お子さん自身が家賃の集金や建物の管理をすることは困難と考えるのが自然でしょう。最近の賃貸物件は、建物の管理・維持も含め不動産の管理業者に依頼するのが一般的で、税務署へ提出する不動産所得の申告用の書類を作成してくれるケースも多くなっています。

不動産の管理業者は、お子さんの事情をよく理解し、配慮をしてくれるところが望ましいので、担当者が頻繁に変わる可能性のある大手の会社よりも、小規模でも地元で長年営業を続けているような不動産屋を探してみるのがよいでしょう。お子さんの事情をわかってくれる人を地元に一人でも増やしておくことも、サバイバルプランを成功させるカギになると思います。

4　マンションへの住み替え

資産の大部分を不動産が占めていて、お子さんに遺したい生活資金の現金が不足している家庭もあるはずです。そのような場合、現在の住まいを売却して小さめのマンションに住み替える方法も検討できます。現在の住まいの売却額よりも、住み替え先のほうが廉価であれば、差額分はお子さんの生活費に充当できます。

住み替え先として検討するのが中古マンションであれば、実際に現物を見ることができ、現在はどのような人たちが住んでいるかを、購入前に確認できます。中古マンションは、新築マンションや一戸建てに比べ、購入費用を抑えられる点がメリットです。またマンションは、一戸建てのように庭の手入れなどをしなくてもよいですし、二四時間ゴミ出しができるところも多いので、お子さんがひとり残された後は、家の維持管理がしやすくなるはずです。

売却物件の価値が高い場合は、中古マンションを二戸、購入する方法も検討できます。同じ物件内で、親と子が別々の部屋で暮らすプランです。親御さんが亡くなった後は、その部屋を賃貸に出して、お子さんの生活費を補う方法です。

マンションを購入すると、理事会の役員が回ってきますが、親御さんが連続で役員を引き受けるなどして、将来、お子さんが役員をやらずに済むような配慮ができると理想的です。

5 賃貸物件に住む

将来、お子さんが賃貸住宅に住むことになる場合、注意しておきたいことはたくさんあります。まずは、家賃の振り込みについて。お子さんが毎月家賃を振り込むために外出するのが難しい場合、銀行のインターネット支店やネット銀行の口座を経由して家賃を支払うのがよいでしょう。銀行のネット口座は、親が元気なうちに、郵送手続きを利用してお子さんの口座を開き、お子さんに使い方を教えておくのが望ましいと思います。

とはいえ、今まで自分で振り込みなどの手続きをした経験のないお子さんが多いはずなので、期日通りに手続きができず、家賃が未払いになってしまうことがあるかもしれません。そこで、部屋を借りることになったときは、賃貸契約の手続きを手伝う人（兄弟姉妹や任意後見人、身元保証をしてくれる会社の担当者）から、家主さんにお子さんの事情を話しておいたほうが安全だと思います。

お金はあるのに、家賃を支払っていないために家の退去を促されると、お子さんの精神状態に悪い影響が出てしまう可能性があります。賃貸物件に住む可能性がある場合は、住まいを失うことのないよう、手続きを手伝う人に「やって欲しいこと」をリスト化して渡しておくのもよいでしょう。

6　更新の手続き

賃貸物件の更新手続きは、自宅に郵送される新しい契約書に記名押印して返送し、更新費用を振り込むのが一般的です。ただし、家賃の未払いが続いたり、ゴミを正しく出せなかったりしてトラブルが生じた場合や、あるいは、不動産管理会社の方で更新手続きは対面で行うことをルールにしている場合など、出向いて更新の手続きを行わなければならないケースもあります。更新時の手続き方法については、借りる前に手続きを手伝う人が不動産管理会社に確認をしておきましょう。

六　成年後見制度の利用

1　成年後見制度とは

親亡き後、誰にお子さんのサポートを頼めばよいのか。頭を悩ませている親御さんも多いはずです。実際、サバイバルプランを立てて、資金面での見込みが立ったとしても、そのプランをサポートする人が見つからないと、プランは絵に描いた餅になってしまいます。そのようなサポートを兄弟姉妹などの身内に頼めるか否かを確認していない家庭も少なくありません。

ひきこもりのお子さんをサポートしてくれる人としては、兄弟姉妹が望まれますが、現実に目を向けてみると、親の関心やお金がひきこもっているお子さんに集中しがちだったり、長年会話をしていなかったり、働けないお子さんが、働いているお子さん側を逆恨みしていたりすることから、兄弟の仲が悪くなっているケースは珍しくありません。兄弟の仲が悪い場合、あるいは兄弟間の交流が途絶えているような場合、サポートを引き受けてもらえない可能性が高いと考えたほうが自然です。

兄弟姉妹に頼めない場合、次に考えられるのは成年後見制度に代表される、後見制度の利用だと思います。成年後見制度には、「法定後見制度」と「任意後見制度」の二つがあります。お子さんに判断能力があるのなら任意後見制度、不十分なら法定後見制度を検討することになりますが、働けないお子さんの場合、知的障がいなどの障がいを持っていなければ、判断能力について問われるケースは多くないはずです。そのため、ここでは任意後見制度を紹介していきます。

任意後見制度とは、将来お子さんの判断能力が低下した場合、あるいは自分ではさまざまな手続きができない場合などに、任意後見人に資産管理などのサポートをしてもらう制度です。どのような立場（弁護士・司法書士、社会福祉士など）の任意後見人に頼むか、サポート内容は何にするか、任意後見人への報酬額はどのくらいなら払えるか、については、あらかじめ話し合いで決め、公正証書で契約書を作る必要があります。

任意後見制度を利用するためには、まず親の持つ資産を洗い出し、将来の収支をシミュレーションした上で、任意後見人にかかる費用をまかなえるのかどうかを確認しておく必要があります。弁護士や司法書士などの専門職後見人に依頼する場合、後見期間が数十年に及ぶと総額では五〇〇万円以上、中には一〇〇〇万円を超える費用を見込まなければならないケースもあるからです。

2　任意後見制度の利用法

法定後見人は家庭裁判所が決めますが、任意後見人は自分たちで選べるのが一般的です。そのため、任意後見人にはお子さんのことをよく理解してくれる人を選べます。そういう意味では、親族が任意後見人になるのが理想です。サポートしてくれる人が事前にわかっていれば、お子さんも親御さんも安心できるでしょう。

主なサポート内容は、財産を管理すること、お子さんの代わりに契約を締結することの二つです。具体的には、年金や預貯金の管理、生活費の送金や物品の購入、入院の手続きやその支払い、介護サービスの手続きやその支払い、税金や公共料金の支払い、不動産の管理などがあります。

気をつけたいのは、サポート内容にお子さんの身の回りの世話は含まれていないということです。つまり、お子さんの食事を作ったり、掃除・洗濯・介護をすることは任意後見人の仕事ではありません。もし将来、これらの生活支援サービスを望むのであれば、任意後見人に在宅サービス提供者(民間の業者)と契約をしてもらうことになりますが、任意後見人にかかる費用のほかに、食事などのサービス費用がかかりますので、親が遺すべき費用はかさみます。

3 任意後見制度にかかる費用

誰に、何を、いくらで頼むのかを話し合いで決めたら、その内容をもとに契約書の原案を作ります。契約書の原案作成を法律の専門家に依頼する場合、その費用は一〇万円前後かかるのが一般的です。

依頼内容が決まったら公証役場に行き、原案を公正証書にします。お子さん本人が公証役場まで出向けない場合は、親が代わりに出向くか、または公証人に自宅まで来てもらう方法もあります。公正証書作成のために必要なものは、それぞれのケースで異なるので、原案を作ってもらうときに確認しておくのが望ましいでしょう。あいだに弁護士などの専門家が入る場合はその人に、専門家を介在させない場合は、公証役場に問い合わせて確認をします。

公正証書の作成にかかる費用は、二万円から三万円ほど。公証人に自宅まで来てもらう場合は、手数料が一・五倍程度に割り増しになり、さらに日当と交通費が加算されます。

任意後見人によるサポートがいつから始まるのかも、事前にきちんと合意しておきましょう。勘違いしないでおきたいのは、任意後見制度では、将来お子さんの判断能力が低下したときに、自動的にサポートが始まるわけではないという点です。任意後見人にサポートを開始してもらうためには、家庭裁判所に申し立てをしなければなりません。

申し立てができるのは、お子さん本人、その配偶者、四親等内の親族、そして、任意後見人自身です。申し立てに必要な書類は各家庭裁判所で異なるので、こちらも原案を作ってもらうときに聞いておくか、住所地の家庭裁判所に確認をしておくとよいでしょう。

将来お子さんや親族がサポート開始の申し立てをするのは難しいと感じるならば、任意後見人に申し立てをしてもらえるような契約を結んでおくことも可能です。申し立てにかかる費用は、書類代を含めて二万円ほど。任意後見人に申し立てを依頼するなら、そのための報酬も必要です。任意後見人が申し立てる際の報酬額は、契約書の原案を作るときの話し合いで、あらかじめ決めておくことになります。

サポート開始の申し立て後、必要に応じて家庭裁判所の裁判官や書記官とお子さんが面談をしたり、家庭裁判所調査官が事情を尋ねたりします。さらにその後、家庭裁判所が「任意後見監督人」を決め、ようやくそこから任意後見人のサポートが開始されます。申し立てをしてからサポートが開始されるまでには三カ月から四カ月かかるので、お子さんがひとり遺された場合は早めに申し立てを行わないと、後見制度がスタートするまでのあいだの、お子さんの生活が成り立たなくなる可能性があります。

任意後見監督人は、任意後見人の仕事をチェックするのが役目です。また、緊急時には任意後見人の仕事を代行することもあります。資金面で注意しておきたいのは、任意後見監督人にも報酬を支払う必要があること。その報酬額は家庭裁判所が決めることになっていますが、任意後見人の報酬額の半額から三分の一程度が目安になります。

任意後見人にサポートしてもらう準備だけでも手間と費用がかかります。そして任意後見人のサポート開始後は、サポート費用が成年後見監督人への報酬も含めて発生します。任意後見人に支払う報酬額は話し合いで決まるため一概には言えませんが、弁護士や司法書士・社会福祉士などの専門職後見人に依頼する場合は、月々三万から五万円くらいは覚悟しておいたほうが安全です。年間三六万円から六〇万円(プラス任意後見監督人の費用)がかかることを考えると、成年後見制度を利用できるか否かは、親が遺す資産で決まるといえるかもしれません。

4　任意後見制度と助成金

任意後見制度の利用については、親がどれだけの資産を遺せるかにかかっている部分が大きいのが現実ですが、助成金制度についてもふれておきましょう。任意後見制度で利用できる公的な助成金制度はかなり少ないのですが、その中のひとつに、一〇年を超える実績を持つ「公益信託　成年後見助成基金」があります。

助成金は月々一万円で、最長五年間利用できます。利用条件としては、①親族以外の人が任意後見人であること、②後見を受ける人の年齢が原則として七五歳以上である、または知的障がい者・精神障がい者であること、③本人の預貯金額が二六〇万円以下であり、かつ現金化できる資産がないこと、です。さらに、助成金額の総額の枠がありますので、この条件に合うからといって、すべての人が対象になるとは限らず、合わせて募集時期が限られているため、募集期間に応募しなければなりません。

本書で紹介しているサバイバルプランは、親がある程度の資産を持っていることが前提なので、この助成金を利用できる対象者は少ないかもしれません。ですが、お子さんが高齢になったとき、対象者にならないとも限りませんので、助成金の制度が新設されていないかどうかといった、情報収集を続けていく努力が望まれます。

5　任意後見人とのコミュニケーション問題

さて、資金的には任意後見人への依頼が可能になるとしても、お子さん自身が任意後見人との接触をいやがらないとも限りません。任意後見制度を利用すると、お子さんと後見人との定期的な面談が必要となるからです。費用的な面をクリアできても、お子さんが面談を拒むことで任意後見制度の利用を断念せざるをえないケースも出てくるのではないでしょうか。

任意後見制度を利用したい場合は、資金面だけに目を向けるのではなく、後見人とのコミュニケーションの取り方について、親が元気なうちに、お子さんに制度の説明をきちんとしておく必要があります。任意後見人とのコミュニケーションが取れないと、電気やガスなどのライフラインが止まってしまう可能性もありますし、貯金はあるのに、手元にまったくお金がなく、ご飯が食べられないような状況に陥ってしまうかもしれません。

任意後見人については、住所地の市(区)役所などの役所(成年後見担当窓口)や弁護士会、司法書士会などの専門機関で相談することができます。

七　家族信託

家族信託とは、親が将来、認知症が原因で手続きができなくなることなどに備えて、判断能力のあるうちに、家族の誰かに財産管理を任せる方法です。実際のところ、親御さんが認知症と判断されてしまうと、その後は手続きにさまざまな弊害が出てしまいます。

たとえば、親御さんが高齢者施設に入所しようと思い、その費用捻出のために自宅を売却したり、賃貸に出そうと考えても、認知症と判断された方は契約ができません。その結果、働いていないお子さんと認知症の親御さんが、自宅に住み続けることにもなりかねないのです。

成年後見制度を利用すれば、後見人の手により売却なども可能ではあるものの、問題は売却がすんで後見人の役割が低くなったとしても、成年後見制度を停止するのは難しい現実があること。親族が後見人になって、親族には報酬を支払わなくて済んでいるとしても、その場合は裁判所が選任する任意後見監督人が付いているため、監督人には費用を支払い続ける必要があります。この監督人に支払う費用はひと月一～二万円程度が多いように思いますが、資金プランに余裕がない場合は負担を停止したいと考えるのが自然でしょう。ところが、裁判所から許可がおりずに、支払い続けているご家庭が少なくないのです。

サバイバルプランを立てている中で、資金的に後見制度を利用できるケースは多くありません。また兄弟姉妹の仲が悪くて、後見人を引き受けてもらえないケースも多くなっています。資金プラン的に後見制度の利用が難しいご家庭では、家族信託を活用する方法を検討してはいかがでしょうか。

働けないお子さんのほかに兄弟姉妹がいるご家庭では、不公平な相続が発生するのが一般的です。自宅と預貯金のほとんどを、働けないお子さんが相続してしまうケースが多いからです。親御さんとしては、「働けないんだから、仕方がない」と考えていても、ご兄弟にもさまざまな点で我慢してきたという思いややりきれない感情はあるはずです。

それでも「あの子も苦しんできたんだから、不公平な相続も仕方ない」といった兄弟姉妹の理解があり、相続のほとんどを放棄してくれるケースでは、不公平な相続も成り立つかもしれません。ですが、働けないお子さんがいて、不公平な相続が発生するにもかかわらず、親御さん側が他のご兄弟に対して、そのことをきちんと説明できていないのが一般的です。説明もないまま、不公平な相続を強制されるのでは、ご兄弟も気の毒としか言いようがありません。

そのような不公平感を少しでも軽減するために、家族信託の仕組みを利用する方法があるわけです。たとえば、自宅についての最初の相続は、働いていないお子さんがもらいますが、その次の受取人(受益者)を、他の兄弟姉妹、あるいは兄弟姉妹のお子さんに渡すことを約束するプランです。相続では次の相続人しか指定できませんが、信託では、その次の受取人(受益者)を決めることができます。そこで、時間はかなりかかるものの、最終的に自宅は兄弟姉妹のほうに承継することが可能になります。

八　親の葬式

働けないお子さん以外にお子さん(兄弟姉妹)がいらっしゃる場合は、そのお子さんに依頼することになると思いますが、お子さんがひとりだけ、あるいは複数のお子さんがいるけれど、全員が働けない状態にある場合(兄弟全員が働けない状態のご相談は増えています)、親の葬式はだれが出すのかという問題が残ります。合わせてサバイバルプランでは、親の葬式代として一五〇~二〇〇万円程度を見込んでプランニングする機会が多くなっていますが、葬式代を捻出するのが難しいご家庭も出てきています。

そのような方には、少額短期保険への加入をおすすめするケースもあります。少額短期保険は二〇〇六年にできた制度で、生命保険分野では保険期間が一年間、掛け捨ての保険しか扱えないという仕組みの中で運営されている保険です。名前の通り、保険金額も最高で三〇〇万円、医療保険では一年間で八〇万円までという制限が設けられています。

そんな少額短期保険の中には、葬儀保険に分類される保険を扱っている会社が複数社あります。たとえばサン・ライフ・ファミリー(神奈川県)、あんしん少額短期保険(埼玉県)のような会社の葬儀保険に加入すると、死亡保険金を直接、葬祭業者に支払ってもらえるサービスを利用できます。サン・ライフ・ファミリーは「サン・ライフ」、あんしん少額短期保険は「アルファクラブ」や「さがみ典礼」などがグループ企業にありますので、保険金は直接グループ内の葬祭業者に支払ってもらったうえで、葬式を挙げてもらえるのです。両社とも、葬儀保険には八四歳まで加入できます。お子さんが葬式を挙げるのは難しい、自分の葬儀費用を残せそうにないと感じているご家庭では、葬儀保険への加入を検討してみてはいかがでしょうか。

九　ひきこもりのお子さんの相続

1 ひきこもりのお子さんに資産を遺すために

家族信託を利用して、自宅の承継方法を決める方法をご紹介しましたが、ひきこもりのお子さんに兄弟姉妹がいる場合、自宅の相続以外にも、資産の多寡にかかわらず、相続対策をしておく必要があります。なぜなら、「今まであの子にばかりお金をかけていたのだから、せめて相続くらいは平等にしてほしい」と要求されることも珍しくないからです。

また、「うちの子どもたち(兄弟姉妹)は仲がよいから、相続ではもめないはずだ」と思っている親御さんもいるかもしれませんが、兄弟姉妹に配偶者がいたり、親の面倒を看ていた者がいたりすれば、もめる可能性は十分にあります。相続でもめると、働けないお子さんに必要な資産がスムーズに渡らず、サバイバルプランが成り立ちにくくなってしまいます。そのため、働けないお子さんに確実に資産を遺したい場合、生命保険を活用する方法も検討してみるとよいでしょう。

生命保険は受取人固有の資産となるため、たとえ相続でもめても、遺産分割(遺留分侵害額請求)されずにすみます。預金などについては、親が働けないお子さんだけに相続させたいと遺言をのこしていても、他の兄弟姉妹には「遺留分」といって、本来相続できるはずの金額の半分については、相続する権利(法定相続分の半分をもらう権利)があります。ですが、死亡保険金で遺せば、遺留分の対象外になるため、ひきこもっているお子さんに確実に遺せるわけです。

親の中には、「高齢のため、今さら生命保険には入れないのではないか」と思っている方が少なくありませんが、保険料を一時払い(一括で支払う方法)にすれば、八〇代でも加入できる保険は探せます。さらに、保険会社によっては、病歴・持病などの健康面の条件が緩和された保険を扱っていることもありますので、あきらめずに加入を検討してみるとよいでしょう。

2 兄弟姉妹へは親から謝罪の言葉を伝えておく

相続対策で忘れてはならないのは、兄弟姉妹への配慮です。前述したように、兄弟姉妹が相続方法に納得できない場合は少なくありません。そのため親の口からはっきりと、「おまえたちには本当に申し訳ないが、あの子にこの家とその後の生活費を譲りたいと思う。もちろん、腑に落ちない点があるのはよくわかっている。しかし、あの子も決して楽をして生きてきたわけではなく、本人も十分につらい思いをしてきた。どうか、相続でもめずに、兄弟仲よく元気に暮らしていってほしい。そしてできれば、私たちが死んだあと、あの子の助けになってやってほしい」といったように、親御さんの謝罪の気持ちを表したうえで、頼みたいことも伝えておくのが望まれます。兄弟姉妹の納得は得られないまでも、理解をしてもらう努力は、サバイバルプランにとって重要な課題といえるでしょう。

また、口頭で伝えるだけでは不十分なので、遺言書を作成しておくことをおすすめします。遺言書がないと、相続が発生した際、相続人で遺産分割の話し合いをすることになりますが、そうすると、働けないお子さんへ十分な財産が渡らなくなる可能性もあります。

働けないお子さんのサバイバルプランを立てていても、相続で予定が狂うと、その後のお子さんの生活に大きな影響を与えかねません。兄弟姉妹に配偶者がいるケースでは、直接相続には関われない配偶者からの要求で、働けないお子さんに予定通りの資産が渡らない可能性もありますので、遺言書には、兄弟姉妹への申し訳ないという思いを書くことも忘れないようにしましょう。

とはいえ、遺言書があるだけで相続がスムーズにいくとは限りません。もめごとが想定される場合は、弁護士などの専門家に、働けないお子さんの事を十分に説明したうえで、遺留分も考えた遺言書の作成を検討しておいたほうが安全でしょう。

3 生命保険信託の活用法

生命保険信託とは、死亡保険金の支払いを信託銀行に依頼し、契約者（保険の対象となる被保険者でもあることが多い）が指定した金額を、分割して受取人に支払うようにする仕組みです。二〇一〇年にプルデンシャル生命保険が導入しました。

導入当初のプルデンシャル生命保険の例では、死亡保険金三〇〇〇万円以上の保険契約が必要でした。当初は契約できる保険金額の最低ラインが高かったものの、三〇〇〇万円の死亡保険金を得られれば、年間の生活費を一〇〇万円と仮定した場合、お子さんの三〇年分の生活費が確保できることになります（別途、信託報酬などが必要）。三〇〇〇万円以上の保険金を得るためには、一括で二千数百万円の保険料を払わなければなりませんが、払った以上の金額の死亡保険金が受け取れますので、資産を増やす効果もあります。

生命保険信託は、しばらくプルデンシャル生命でしか利用できませんでしたが、現在はソニー生命やＦＷＤ生命でも導入しています。ＦＷＤ生命では保険金二〇〇〇万円から利用できますし、他社で契約できる最低保険金額も下がってきています。

一〇 お子さんのひとり暮らしへの準備

ここからは、お子さん自身がひとり期（高齢期）を暮らしていく上で、知っておいたほうがよいことにふれていきます。お子さんの生活に大きな影響を与える事もあるので、親が存命中にできる範囲で準備をしておきましょう。

1 口座引き落とし

お子さんが生活をしていく上で必要不可欠なものは、住まいのほか、電気やガス、水道などのライフライン、そしてインターネット環境などです。料金滞納により使用できなくならないように、親と一緒に暮らしているうちから、お子さん名義の口座から引き落としがされるように手続きをしておくとよいでしょう。

同様に、国民健康保険料や公的介護保険料、固定資産税も滞納によってお子さんが不利益を被らないように、引き落としの手続きをしておきたいものですが、公共料金とは違い、親名義の家を勝手に子ども名義にしたり、固定資産税の引き落とし口座を変更したりはできません。国民健康保険料や公的介護保険料も、世帯主である親名義の口座から支払っていると思います。親亡き後、口座変更の手続きは誰が行うのか、検討しておく必要があります。

引き落としの手続きは、以下のいずれかの方法で行います。

① 口座振替依頼書を金融機関に郵送する
② 金融機関の窓口で手続きする
③ インターネットで金融機関に申し込む

親が人生の終わりを感じるようになったら、お子さんが九〇歳になる頃までに必要な金額をお子さん名義の口座に入金し、滞納を防ぐようにしたいものです。

ただし、まとまった金額を一気に振り込むと、贈与税が課せられる可能性もありますので、贈与税の基礎控除に当たる「年間一一〇万円まで」を、毎年お子さんの口座に振り込んで、お子さん名義の預金口座の残高を増やしていく方法を実行するのが無難でしょう。

2 お子さんを銀行や役所に連れて行く

人は体験したことがないものに対して、不安や恐怖を感じやすいものです。特に働けないだけではなく、ひきこもっているお子さんは、社会との接点が極端に少なくなっているため、対人関係においてこの傾向が強いはずです。

そのため、お子さんがひとり残された後で困った事態に陥っても、相談する相手をなかなか見つけられなかったり、「相談しても、きちんと話を聞いてもらえないのではないか」と不安を感じる機会が多くなるはずです。

一生住める家があったとしても、口座引き落としの手続きができていなければ、電気やガス、水道などのライフラインが止まってしまい、通常の暮らしが営めない可能性も出てきます。外に助けを求められず、社会から完全に孤立してしまうのを避けるために、親が元気なうちにお子さんを銀行や役所などに連れて行き、さまざまな手続きについて説明したり、体験させておくのが望ましいでしょう。

① ATMでの現金引き出し

たとえば銀行などの金融機関では、ATMの使い方を教えましょう。「困ったことがあれば、ATMの近くに立っている銀行員に聞けば、手伝ってくれる」と教えてあげれば、「わからなくても、助けてくれる人がいるんだ」という安心感を与えられるかもしれません。実際に親が銀行員とあいさつをしたり、話をしたりする姿を見せ、話しかけても怒られることはないイメージを持たせると、お子さんは安心できるはずです。

ATMはコンビニにもあるので、お子さんがそれを知らない場合は教えておくとよいでしょう。夜に行動することの多いお子さんの場合、銀行ATMよりも、コンビニATMのほうが使いやすいはずなので、コンビニATMの使い方を教えておくと、将来、家の近くで二四時間、必要な額を引き出せます。

② 役所での各種手続き

役所は担当窓口が多く、また独特の雰囲気があるので、できればお子さんと一緒に足を運んでほしいものです。役所の入り口付近には、手続きの案内をしてくれる職員がいるところも多くなっています。まずは受付(案内)の人に、どのような用事で来たのか伝えてみましょう。そうすると、担当窓口を教えてもらえるはずですので、こうしたやりとりを、実際にお子さんに見てもらいましょう。

七八頁でも説明しますが、年金をもらうための手続き(裁定請求)にはお子さんのマイナンバーが必要になります。障がい年金を受給されるお子さんの場合は、親が手続きを行うケースも多いでしょうし、国民年金の裁定請求は、任意後見人やサポートする人が行うことになるはずです。しかし、役所で国民健康保険や公的介護保険、年金などに関するどのような手続きをするかをお子さんに説明しておくようにしたいものです。

とはいえ、お子さんが昼間の外出を嫌がることも多いはず。いくら誘っても、なかなか外出したがらないかもしれませんが、「今から役所に出かけたいんだけど、おまえも一緒に行ってみないか」と根気よく誘いましょう。誘わずに「どうせ無理」とあきらめるのではなく、お子さんが根負けするのを待つくらいの気持ちが必要かもしれません。

いずれにしても、経験が「一度でもある」のと「まったくない」のとでは、将来、お子さんができることに差が出るはずです。少しずつでもお子さんの気持ちを揺らし続けて、「仕方ないなあ。親がしつこいから、今日は役所に行ってみよう」と思わせる根気強さが望まれるでしょう。

役所に行くことを誘い続けると同時に、将来どんな困った事態が起こるかもしれないかということを、お子さんに語りかけ、イメージを持たせるのも重要だと思います。たとえば、「住民票や戸籍謄本が必要になった。こうした書類は役所まで行かなくても、出張所で取れるから、出張所に行ってこよう」とか、「貯金が少なくなり生活が苦しくなってきたけど、どこに相談すればいいのだろう。とりあえず役所の窓口で相談してみよう」「物忘れが多くなってきたので、誰かに資産の管理を頼みたい。社会福祉協議会で相談にのってくれるらしいから、行ってみよう」など、いくつかのシーンを思い浮かべ、「このようなケースでは、○○課に相談してみると話を聞いてくれるはずだ」など、解決方法の手がかりになりそうな話をお子さんに聞かせておくようにしましょう。

3 食事のとり方・買い物

ひとり残されたお子さんの食事はどうすればよ

いのか。親として、もっとも気がかりなことといえるかもしれません。ひきこもっているお子さんの中には、自分で食事を作ったことがない人もいますが、まったく自炊をせず、毎食配達やお弁当などに頼ると、食費は外食並みに高くなってしまいます。自炊をまったくしないと、ゴミの量も増えますし、出前の食器をきちんと返却するのも難しいかもしれません。

そこで、きちんとした自炊ができないとしても、せめてご飯は自分で炊けるように訓練しておきたいものです。無洗米を利用すれば、料理の苦手なお子さんでも手軽にご飯が炊けます。一度にたくさん炊いて、ご飯を小分けして冷凍する方法も教えてあげましょう。ご飯のストックがあれば、毎食、炊かなくて済みますし、お子さんの調子が悪くて（あるいは、人に会いたくなくて）外出できない時でも、お茶漬けやふりかけ、缶詰、インスタント食品を利用すれば、食をつなぐことができるからです。

外出するのが難しいお子さんは、ネットスーパー（イトーヨーカドー、イオンなど）で食材を調達する方法もあります。ネットスーパーには、無洗米などのお米はもちろん、パン、野菜、惣菜、乾麺など色々な商品がありますし、冷凍の半調理品（チルド惣菜）を届けてくれるお店もあります。電子レンジで温めるだけで食べられるものは、どこでどのようなものを扱っているか、一覧表を作ってみてはいかがでしょうか。また、それぞれの商品の参考価格を、親が調べて記入しておくと、極端に高い店舗で買い物をしてしまうのを防ぐ効果が得られるかもしれません。

いずれにしても、自炊をすれば、栄養のバランスがとりやすくなるだけではなく、食費も抑えやすくなります。お子さんの能力に合わせて、お子さんが食事をとり続けられる環境を整えましょう。なお、ネットスーパーでは洗剤やトイレットペーパーなどの日用品や下着などの衣類も扱っているのが一般的です。商品の受け取り方や配達地域、送料、会費などは会社ごとに異なっているので、お子さんのパソコンの能力や好みに合ったものを選ぶとよいでしょう。

働けないお子さんと同居しているご家庭では、親御さんがお子さんの食事の面倒をみているケースが多くなっています。「あの子は楽しみが少ないから、せめておいしい食事くらいは作ってあげたい」という親心は理解できるものの、食事作りの能力を身に付ける機会を与えないままにしておくのは問題だと考えます。そこで、昼食か夕食時は親御さんがひと月くらい外食をして、食事作りをお子さんに任せてはいかがでしょうか。

自宅にいれば、食事を作ってあげたくなるはずなので、あえて「お子さんが自分で食事を作らなければならない状況」に追い込むわけです。親側としては、毎日外食するのは疲れるでしょうし、お金もかかりますが、それは将来のお子さんのためだと割り切って、実践してほしいと考えています。

4　年金の裁定請求

年金は自動的に支給が始まるわけではなく、年金の裁定請求をしなければなりません。この手続きが行われないと、年金保険料を払っていても、年金の支給が開始されません。

障がい年金をもらっていない場合、お子さんの六五歳の誕生日の三カ月前に、国民年金（老齢基礎年金）の請求書が送られてきます。裁定請求する際に必要なものは、年金手帳、マイナンバー、お子さん名義の預金（貯金）通帳など。任意後見人などの代理人に裁定請求を頼むのならば、お子さんの委任状が必要になります。

公的年金はサバイバルプランを立てる際、お子さんの老後の生活になくてはならないものです。スムーズに手続きができるように、請求に必要な書類は何か、お子さんに遺すノートなどに一覧にしてまとめておきましょう。

5　国民健康保険料および公的介護保険料の減額措置

親亡き後は、お子さん自身が国民健康保険と公的介護保険の保険料を納めることになります。一般的には、お子さんがひとりになってからは収入が少なくなるため、保険料の減額措置が受けられる可能性が高くなります。以前は、公的年金だけの収入でも確定申告をするのが一般的でしたが、二〇一一年度からは年金等の収入が四〇〇万円以下なら、原則として確定申告は不要になりました。ひきこもりのお子さんの年金からは源泉徴収されていないはずなので、確定申告の必要はなくなり、非課税世帯だということは役所でも把握できるため、自動的に減額措置が受けられるはずです。

〈ひきこもり相談事例〉

ここからは、実際の相談事例をご紹介します。相談内容がデリケートなため、相談内容に変更を加えていることはご了承下さい。お子さんがすでに四〇代に入られているAさんのケースから取り上げます。

【ケース①・相談者Aさん】

長男四〇代前半。大学卒業後、アメリカの大学院に留学。三〇代前半で博士号を取得したものの、現地で就職できずに、四〇歳を目前に無念の帰国をしました。留学に送り出した時、親は夫婦共働きだったので、年収は一二〇〇万円ほどありましたが、長男が帰国した時は、すでに年金生活に入っていました。共働きだったため、年金は夫婦合わせて四〇〇万円台あり、一般的な家庭に比べると恵まれてはいますが、長男の留学による学費と生活費の仕送りで減ってしまったため、貯蓄（退職金を含む)は、目指していた八〇〇〇万円にはほど遠く、現時点では三〇〇〇万円台になっています。夫婦どちらかが亡くなった場合は、年金額もかなり減るため、長男を扶養し続けなければならない場合、年間収支は赤字になる見通し。すでに四〇代に入っている長男が、正社員として働いてくれることはあきらめていますが、せめてアルバイトでもして、自分の食費くらいは稼いでほしいと願っています。

《アドバイス》

① 二人分の年金が受給できているあいだは、できるだけ貯蓄を増やす

夫婦共働きで、現役時代の収入が多かった家庭は、支出も多くなっているのが一般的。年金生活がスタートしてからの数年間は、四〇〇万円台の年金をもらっていても、支出が収入を上回り、貯蓄が減ってしまうケースがよく見られます。相談者のAさんも、共働きで収入が多かった時に長男を留学に送りだしており、年間で三〇〇万円程度の仕送りも、それほどきつくは感じていませんでした。ところが、仕送りを一五年くらい続けたことで、結果的には自分たちの老後資金の設計が大きく狂ってしまったことになります。

このようなケースに限りませんが、働いていないお子さんの生活設計を考えるときは、お子さんが暮らしていけるのかを考える前に、親の老後の生活設計を先に立てることが大切です。自分たちの生活コストを下げて赤字を減らしておかないと、夫婦のどちらかが亡くなった時点で、生活費の赤字額が膨らみ、働いていないお子さんにまとまった貯蓄を残しにくくなるからです。

Aさんのお子さんは、障がい年金を受け取れる可能性は低いため、お子さんの平均余命である約四〇年分の生活費を年間一〇〇万円と見積もるだけで、四〇〇〇万円程度の生活費が必要になります。しかし、現時点ですでに、四〇〇〇万円の資金確保は難しいのが現実。ですが、数年で両親とも亡くなるわけではないため、両親が存命中の生活費は年間三〇〇万円強に抑えて、年金生活の中

でも、年間で七〇～八〇万円程度の貯蓄ができるように家計支出の見直しをアドバイスしました。

②「正社員として働けなくても仕方ない」ことを親子で許容する

支出内容を見直すと同時に、長男にも「せめて食費くらいは、アルバイトで稼いでほしい」と、アルバイトを促してもらう必要性を強調しました。そして実際、「ひと月二～三万円くらいでもいいから、自分で収入を得てほしい」と、伝えてもらいました。その際は、「正社員として働けなくても仕方ない」ことを、親が先に受け入れること。そして、お子さんにも「いつまでも面倒は見られないので、このくらいの収入を得てもらわないと、親子共倒れになってしまうかもしれない」というう先々の見通しについて、勇気を持って伝えてもらうように促しました。

親が促してもアルバイトをすることが難しい場合、次の作戦として父親、母親とも、終身保険に加入する方法を提案しました。持っている資産を、保険の力を活用することで、増やせるからです。終身保険に加入すれば、たとえば九百数十万円の保険料を支払って、一〇〇〇万円の死亡保障が得られます。ご両親とも亡くなったときに、二〇〇〇万円の死亡保険金がそのまま遺され、さらに預貯金が一〇〇〇万円から二〇〇〇万円程度遺っていれば、Aさんのお子さんのサバイバルプランは成り立つ計算になります。

ちなみに、Aさんのお子さんは一人っ子であるため、他の兄弟姉妹へ資産を遺す必要はありません。生命保険の活用はAさん自身の収入が得られそうにない場合の次の一手と考えましたが、兄弟姉妹がいて、他のお子さんにも資産を遺さなければならない場合は、働けないお子さんを受取人にして、生命保険に入る方法は、ぜひとも検討しておくとよいでしょう（七二頁「九　ひきこもりのお子さんの相続」を参照して下さい）。

【ケース②・相談者Bさん】

離婚後、女手ひとつで、二人の子どもを育てました。現在三〇代半ばの長女は、結婚して二児をもうけ、幸せに暮らしています。現在三〇代前半の長男は、大学進学までは手のかからない孝行息子でしたが、就職活動に失敗。大学に在籍したままの状態で就職活動をさせてあげたかったのですが、家計に余裕がなかったため、卒業してアルバイトをしながら就職活動を継続することになりました。

ところが、就職浪人一年目も就職先は見つからず、徐々に気力を失っていった様子。次第に、パソコンの前にボーッと座っている時間が長くなっていき、就職浪人一年目が終わる頃には、就職活動はまったく行わなくなりました。就職活動はしなくなっても、当初は自分の小遣いくらいは、不定期のアルバイトでまかなっていましたが、最近はアルバイトにも行きたがらず、家にいて、自室でテレビを見たり、パソコンに向かう時間が長くなってきています。

相談者Bさん自身も、あと数年で六〇歳を迎え、現在勤めている会社で継続雇用が叶っても、収入は半分程度に下がります。離婚後の苦しい家計の中では、マイホームを購入できず、六〇歳以降も働かなければ、家賃を払うこともままならないのですが、どうしたら長男と自分の生活が成り立つだろうかと、不安に暮れる日々を送っています。

《アドバイス》

① 生活設計表を作り、将来の赤字額を親子で認識する

現状のままでは、ご長男どころか、Bさん自身の老後の生活設計が成り立たない可能性もあります。まずは、六〇歳以降の収入に合わせた生活設計表を作成することにしました。Bさん自身の将来のこと、そしてご長男のこれからの生活を考える上で、現在置かれている状況を、数字で認識することは欠かせないからです。

生活設計表を作成するときに重要なのは、Bさんとご長男の年齢を書き込んだ上で、これから先の家計収支を年単位で把握することです。どのくらいの収入が得られないと貯蓄が減っていってしまうのか、年金ではどのくらいの赤字が出るのかなどを、年単位でつかんでおきたいからです。Bさんの収入や年金だけでは、ご長男と二人分の生活費を長期的に捻出するのは難しいことが、生活設計表に書き込む作業によって確認できました。その認識を、ご長男にも持ってもらうことは、就業に対する意識を高める意味でも大切だと思います。

ご長男自身も、「今のままではまずい」ことは十分に理解しているはずですが、「親がどのくらいの貯蓄を持っているのか」「今のままの生活だと、いつの時点で生活が成り立たなくなるのか」ということを具体的に把握しているとは思えません。とはいえ現実には、口頭の説明だけで現状を理解させるのは不可能なケースがほとんどです。そのため、作成した生活設計表をコピーして、「気が向いたときに、目を通しておいてほしいんだけど」などと言って、ご長男に手渡すようにアドバイスをしました。

Bさんは継続雇用を希望しているので、希望が叶って六〇歳以降も社会保険（厚生年金や健康保険など）に加入できれば、Bさん自身の老後の年金額を増やせます。Bさんには酷な話ですが、六五歳以降もパートなどで収入を得られれば、サバイバルプランが成り立つ可能性も出てきます。

②　賃貸暮らしの場合は、親子で住まいコストの削減を目指す

賃貸暮らしのまま高齢期に入った家庭は、働いていないお子さんの「一生の住まい」を確保するのはかなりハードルが高くなります。ご相談者のお子さんが、すでに五〇代を迎えているケースも増えてきているので、家賃負担の少ない住まいを探す努力は欠かせません。一例として、国土交通省が後ろだてになっているセーフティネット住宅のサイトで住まいを探す方法もあります。「セーフティネット住宅」には、保証人の確保が難しい高齢者などの入居をこばまない住宅が登録されています。

Bさんのケースでは、Bさん自身が身体が許す

限り働き、ご長男もアルバイト収入を得られるようになるのが理想ですが、いずれにしても賃貸暮らしは親子とも生活コストが高くなりがちです。賃貸のままの暮らしを継続するよりも、どこかの時点で思い切った住み替えをして、生活コストを下げる方法も検討してもらいたいと考えています。

サバイバルプランの検討をしてみたところ、親の貯蓄だけでは成り立たないことが予想される場合は、生活保護の受給を検討するのが現実的です。その場合、誰に、どの時点で申請に立ち会ってもらうのかを考えます。別居しているご長女が申請に立ち会ってくれればよいのですが、難しい場合は、申請に立ち会ってくれる人を親御さん側で探す必要があります。また五七頁でもご紹介している通り、生活保護は手持ちの貯蓄が数万円程度にまで減らないと、申請書類を受け取ってもらえないのが一般的です。そのタイミングはいつ頃なのかを、検討することも忘れないようにしてください。

一一　サバイバルプランの作成・分析

これまでの話をふまえた上で、現在からひきこもりのお子さんが亡くなるまでの年間収支と貯蓄残高のシミュレーションをしていきます。シミュレーションをすることによって、お子さんが亡くなるまでの間に資産が底を突いてしまうかどうか、底を突くとしたら今から何年後になりそうか、という将来の見通しが立てられるようになります。

シミュレーションを作成してみると、将来へのっきりとした不安を、数字で示された根拠のあるはっきりとした不安に変えることができます。もちろん、つらい現実をつきつけられてしまうこともありますが、前述したように、ショックはできるだけ早く(親が一歳でも若いうちに)受けてしまったほうがよいと思います。お子さんが働けない現実に向かい合わなければ、いずれにしても先には進めないからです。将来起こるであろう問題に対して、今からどんな対策が立てられるのかに知恵を絞ることで、今からすべき行動もおのずと見えてくると思います。

　シミュレーションをするためには四つの表が必要になります。「資産と負債のバランスシート」「家族のキャッシュフロー表」「お子さんのキャッシュフロー表」「お子さんのバランスシート」の四つです。バランスシートとは、資産・負債・純資産の一覧表のことです。キャッシュフロー表とは、一年単位の家計簿を何年もつなげたようなものです。お子さんの分はとりあえず、親のものと一緒に作成してもよいでしょう。表の作成や分析には時間も手間もかかるので、自分で作成するのが難しい場合は、ファイナンシャルプランナーなどの専門家に依頼することも検討してみてください。

　まずは、バランスシートとキャッシュフロー表の作り方から説明します。見本と照らし合わせながら読み進めると、イメージしやすいと思います。

1　資産と負債のバランスシートの作り方

資産と負債のバランスシートの例を次頁に掲載しました。作り方は、「一　親の資産・負債の洗い出し」(本書四三頁)にあるので、それを参考にしてください。次の家族のキャッシュフロー表は、このバランスシートをもとに作るので、わかる範囲で記入してみてください。

2　家族のキャッシュフロー表の作り方

キャッシュフロー表は一年単位の家計収支を、長期間眺められるようにした表のようなものです。資料をそろえたり、計算が必要な部分もあったりして作成が大変ですが、大まかなお金の流れを把握する上でとても役立ちます。見本を八八―八九頁と九四―九五頁に掲載しました。

　家族のキャッシュフロー表は、現在から両親が平均余命まで生きたと仮定して作りました。親の平均余命は現在の年齢によって異なりますが、ここでは死亡年齢を父八二歳、母八七歳と仮定して作成しています。平均余命を詳しく知りたい場合

資産と負債のバランスシート

A. 現金預金など

（単位：万円）

商品名	金融機関	金額	名義	相続人	備　考
現金		100	母	長男	
普通預金	A 銀行	200	母	長男	
スーパー定期	A 銀行	550	父	母	2021 年 3 月満期・金利 0.3%
投資信託	C 証券	100	父	次男	外国債券(毎月分配型)・48 万口
個人向け国債	郵便局	150	母	父	2020 年 10 月満期・固定金利 1%
定期付き終身保険	D 生命	500	父	母	2018 年 9 月払い込み満了・死亡保障 200 万円
合計		1600			

資　産		負　債	
現金	100	住宅ローン	540
普通預金	200		
定期預金	550		
国債·株式·投資信託	250		
保険	500		
A. 預金など合計	1600	C. 負債合計	540
自宅土地	3000	活用できる資産（純資産）A＋B－C ＝4060 万円	
B. 不動産合計	3000		
資産合計（A＋B）	4600		

B. 不動産

内　容	金額	名義	相続人	備　考
自宅土地	3000	父	母	
合計	3000			

C. 負債（ローン）

内　容	金融機関	残高	名義	備　考
住宅ローン	A 銀行	540	父	2022 年 4 月完済予定・毎月 11.6 万円返済
合計		540		

は、厚生労働省のホームページに各年齢の「平均余命」の表がありますので、最新年度の平均余命を参照されるとよいでしょう。

キャッシュフロー表にあるライフイベントとは、これから起こるであろう出来事のことです。たとえば父や母の退職や再雇用、車の買い替え、家の建て替えや修繕、相続などが例に挙げられます。ライフイベントは収支に影響を与えますので、予想されるものは何でも記入しておきましょう。

手取り収入とは、総収入から税金と社会保険料を引いた、いわゆる「可処分所得」と呼ばれるものです。税金や社会保険料などは、今後、アップする可能性もありますが、とりあえずは現状の制度をもとにして作ります。見本のキャッシュフロー表では固定資産税は住居関連費に入っています。

退職金や企業年金の金額は、勤務先の就業規則を調べてわかる範囲で記入しましょう。企業年金についてわからない場合は、無理に書き入れなくてもかまいません。退職後も働く予定ならば、その収入見込み額も記入して下さい。再雇用で働いたときの手取り額がわからない場合は、現在の手取り額の三分の一から半分程度に見積もっておくとよいでしょう。

現在の基本生活費は、「二　親の収入・支出の確認」の「2　支出」（本書四九頁）を参考にして、年間支出額を記入しましょう。将来、収入が減少する時期については、生活費のほうも減額して記入する必要があります。まずは先ほど記入した将来の収入金額を確認し、次に現在の支出の内訳リストを作ります。費目はあまり細かくせず、大まかに分ければよいでしょう。リストを見ながら、「被服費や冠婚葬祭費はもう少し削れそう」「食費はもうこれ以上削れなさそう」など、譲れるところ・譲れないところを確認し、将来の収入に見合った支出になるように、ひとつひとつ検討してみてください。

ローンは完済予定までの金額を記入し、一時的な支出は車の買い替え、家の修繕や建て替え、相続など、将来予定しているものも、わかる範囲で記入します。

経過年数		24	25	26	27	28	29	30	31	32	33	34	35
年齢	父	82											
	母	80	81	82	83	84	85	86	87				
	長男	59	60	61	62	63	64	65	66	67	68	69	70
	次男(別居)	57	58	59	60	61	62	63	64	65	66	67	68
ライフイベント(*1)		D	A					A	D				A
収入(手取り)	父	200											
	母	60	130	130	130	130	130	130	130				
	長男							78	78	78	78	78	78
	その他												
	合計(A)	260	130	130	130	130	130	208	208	78	78	78	78
支出	基本生活費	300	250	250	250	250	250	250	250	120	120	120	120
	住居関連費	10	10	10	10	10	10	10	10	10	10	10	10
	車両費												
	その他一時的な支出	150	20	0	0	0	0	20	150	0	0	0	20
	合計(B)	460	280	260	260	260	260	280	410	130	130	130	150
年間収支(A－B)		－200	－150	－130	－130	－130	－130	－72	－202	－52	－52	－52	－72
貯蓄残高		1720	1570	1440	1310	1180	1050	978	776	724	672	620	548

経過年数		36	37	38	39	40	41	42	43	44	45	46	47
年齢	父												
	母												
	長男	71	72	73	74	75	76	77	78	79	80	81	82
	次男(別居)	69	70	71	72	73	74	75	76	77	78	79	80
ライフイベント(*1)						A					A		
収入(手取り)	父												
	母												
	長男	78	78	78	78	78	78	78	78	78	78	78	78
	その他												
	合計(A)	78	78	78	78	78	78	78	78	78	78	78	78
支出	基本生活費	120	120	120	120	120	120	120	120	120	120	120	120
	住居関連費	10	10	10	10	10	10	10	10	10	10	10	10
	車両費												
	その他一時的な支出	0	0	0	0	20	0	0	0	0	20	0	0
	合計(B)	130	130	130	130	150	130	130	130	130	150	130	130
年間収支(A－B)		－52	－52	－52	－52	－72	－52	－52	－52	－52	－72	－52	－52
貯蓄残高		496	444	392	340	268	216	164	112	60	－12	－64	－116

200万円，C＝車の買い替え費用200万円，D＝葬式代150万円，E＝退職金　※住宅ローンは完済．

家族のキャッシュフロー表①――もうすぐ定年を迎える家族，障がい年金なし

（単位：万円）

経過年数		現在	1年後	2	3	4	5	6	7	8	9	10	11
年齢	父	58	59	60	61	62	63	64	65	66	67	68	69
	母	56	57	58	59	60	61	62	63	64	65	66	67
	長男	35	36	37	38	39	40	41	42	43	44	45	46
	次男（別居）	33	34	35	36	37	38	39	40	41	42	43	44
ライフイベント（*1）				E			A		B		C	A	
収入（手取り）	父	500	500	500	300	300	300	300	200	200	200	200	200
	母	60	60	60	60	60	60	60	60	60	60	60	60
	長男												
	その他			2000									
	合計（A）	560	560	2560	360	360	360	360	260	260	260	260	260
支出	基本生活費	400	400	400	360	360	360	360	360	300	300	300	300
	住居関連費	140	140	140	※10	10	10	10	10	10	10	10	10
	車両費	10	10	10	10	10	10	10	10	10	10	10	10
	その他一時的な支出	0	0	0	0	0	20	0	100	0	200	20	0
	合計（B）	550	550	550	380	380	400	380	480	320	520	340	320
年間収支（A－B）		10	10	2010	－20	－20	－40	－20	－220	－60	－260	－80	－60
貯蓄残高		1600	1610	3620	3600	3580	3540	3520	3300	3240	2980	2900	2840

経過年数		12	13	14	15	16	17	18	19	20	21	22	23
年齢	父	70	71	72	73	74	75	76	77	78	79	80	81
	母	68	69	70	71	72	73	74	75	76	77	78	79
	長男	47	48	49	50	51	52	53	54	55	56	57	58
	次男（別居）	45	46	47	48	49	50	51	52	53	54	55	56
ライフイベント（*1）					A			B′		A			
収入（手取り）	父	200	200	200	200	200	200	200	200	200	200	200	200
	母	60	60	60	60	60	60	60	60	60	60	60	60
	長男												
	その他												
	合計（A）	260	260	260	260	260	260	260	260	260	260	260	260
支出	基本生活費	300	300	300	300	300	300	300	300	300	300	300	300
	住居関連費	10	10	10	10	10	10	10	10	10	10	10	10
	車両費	10	10	10	10	10	10	10	10				
	その他一時的な支出	0	0	0	20	0	0	200	0	20	0	0	0
	合計（B）	320	320	320	340	320	320	520	320	330	310	310	310
年間収支（A－B）		－60	－60	－60	－80	－60	－60	－260	－60	－70	－50	－50	－50
貯蓄残高		2780	2720	2660	2580	2520	2460	2200	2140	2070	2020	1970	1920

*1）　ライフイベント：A＝家電の買い替え費用20万円，B＝家の修繕費用100万円，B′＝家の修繕費用

年間収支は、その年の収入合計から支出合計を引いて出します。貯蓄残高は、現金預金など、換金しやすいお金の額のみを記入してください。不動産は換金するのに時間がかかるので、ここには含めないものとします。

貯蓄残高の計算は次のようにしてください。現在の貯蓄残高は、先ほど作成した資産と負債のバランスシートの現金預金などの金額と、家族のキャッシュフロー表の現在の年間収支を足します。見本では、資産と負債のバランスシート（八六頁・表A）に合わせて貯蓄残高を一六〇〇万円にしています。

一年後の貯蓄残高は、現在の貯蓄残高と一年後の年間収支を足します。見本では、現在の貯蓄残高一六〇〇万円に一年後の年間収支一〇万円を足して一六一〇万円となっています。二年後の貯蓄残高は、一年後の貯蓄残高と二年後の年間収支を足します。見本では、二年後に退職金を受け取っていますので、一年後の貯蓄残高一六一〇万円に二年後の年間収支の一〇万円と、退職金の二〇〇〇万円を足して三六二〇万円になっています。以下同様に、前年の貯蓄残高とその年の年間収支を順繰りに足していき、両親が亡くなると仮定した年まで計算をしてみてください。

3　お子さんのバランスシートの作り方

両親が亡くなったと仮定した時点での貯蓄残高をもとに、お子さんのバランスシートを作成します。

見本の家族のキャッシュフロー表では、今から三一年後に母が亡くなると仮定しています。そのため、お子さんのひとり暮らしが始まる年（三一年後）の貯蓄残高七七六万円をもとにバランスシートを作成します。ここでは割愛しますが、八六頁のものに準じて作って下さい。

お子さんのバランスシートでは、預金などと不動産の金額（売却価格）が大まかに把握できればよいでしょう。

4　お子さんのキャッシュフロー表の作り方

　お子さんのキャッシュフロー表は、お子さんが平均余命まで生きたと仮定したところまでを作ります。平均余命は作成時点での年齢によって異なりますが、八〇歳から九〇歳のあいだで適当な年齢を入れて作りましょう。

　お子さんの年金見込み額の調べ方は、前述した親の場合と同じですので、「2　家族のキャッシュフロー表の作り方」(八五頁)を参考にして下さい。見本では、国民年金の老齢基礎年金を六五歳から満額(年約七八万円)受けとれるようにしてあります。年金の未納期間や申請免除を受けた期間がある場合は、受取額が減りますので、実際には受給できそうな金額を記入するのが望まれます。

　その他の手取り収入は、家賃収入など年金以外の収入の予定があれば記入します。

　基本生活費はお子さんによって異なりますが、家賃負担がない場合は、とりあえず月一〇万円としておくとよいでしょう。

　今回作成したキャッシュフロー表では、固定資産税または家賃は別項目にしており、ここでは固定資産税を一〇万円と仮定しています。固定資産税は現在納めている金額を目安に、家賃は近隣の相場を参考にして記入して下さい。

　年間収支・貯蓄残高の計算方法は、家族のキャッシュフロー表と同じです。

　以上の方法で表を作成したら、次にその内容をチェックして、対策を考えていきます。

5　バランスシート・キャッシュフロー表を分析し、対策を考える

　ここでもう一度、サバイバルプランとは何かをおさらいしておきます。サバイバルプランとは「お子さんが一生働けないこと」を前提として、「お子さんの一生涯の生活が成り立つプラン」を模索していくものです。

　プランが成り立っているかどうかは、作成したお子さんのキャッシュフロー表を見ればわかります。具体的には、お子さんが亡くなると仮定した時点まで、貯蓄残高がマイナスに陥らずにすむかを見て判断します。

サバイバルプランは親の資産でお子さんの老後も支えていくため、資産状況によっては、途中で貯蓄残高がマイナスになってしまうことも考えられます。ただし、今の時点で作成したキャッシュフロー表は、あくまでも現在の予測にすぎません。現時点での予想で貯蓄残高がマイナスになってしまったからといって、「もう打つ手がない」と考えるのは早計です。貯蓄残高がマイナスにならないように対策を考えるためのツールがキャッシュフロー表だと、割り切ることが重要です。

見本のキャッシュフロー表でも、お子さんが亡くなると仮定した時点での貯蓄残高は一一六万円のマイナスになっています。まずはこの一一六万円のマイナスを、いかにプラスの状態に改善するか、対策を考えていきます。

貯蓄残高をマイナスからプラスに変えるには、何より支出の見直しが必要です。見本の家族のキャッシュフロー表では、現在からお子さんのひとり暮らしが始まるまで三一年間あります。仮に親が、この三一年間で月三〇〇〇円の支出を削減し続けたとすると、三〇〇〇円×一二カ月×三一年間＝一一一万六〇〇〇円の支出が抑えられる計算になります。

ひと月三〇〇〇円程度の改善では大した効果がないと思い込まずに、お子さんの老後までの長い期間であれば、数千円の改善でも大きな効果を生むことを理解しておきましょう。

最後に、お子さんの障がい年金受給について考えます。親御さんの中には、お子さんの精神的な病気を理由に、障がい年金の申請を検討する方もいます。障がい年金を受給するとお子さんの社会復帰の道が閉ざされてしまうのではないか、と思う方もいるかもしれません。しかし、障がい年金が受給できれば年間収支は改善しますし、新たな就労支援の道を模索していくことも可能になります。そこで、もし障がい年金が受給できたとしたらどのようになるのか、見本のキャッシュフロー表を用いて試算してみます。

先に見たように、お子さんが自分自身の老齢基礎年金をもらえるまでに三〇年間あります。この期間に障がい年金を年約七八万円受給できたとすると、約七八万円×三〇年＝約二三四〇万円になります。キャッシュフロー表に障がい年金を加えてみると、お子さんが八二歳の時点でも、一〇〇〇万円を超える貯蓄が残る計算になります。障がい年金の受給が実現するだけで、お子さんのサバイバルプランは成り立つことが分かるでしょう。

もちろん、障がい年金の受給には高いハードルがあり、申請しても却下される可能性があります。しかし、お子さんが障がい年金を受給できる可能性があるのなら、早めに精神科医に相談をすることも対策のひとつといえるでしょう。

いっぽう、お子さんが精神障がいや発達障がいなどを伴っておらず、親の資産が途中で底を突いてしまうことが明らかなときはどうすればよいのでしょうか。そのような場合は、親がいつまでなら支援することができるかをはっきりとさせ、その旨をお子さんに伝えることが必要になります。ただし、伝え方には工夫が必要です。

親としては、お子さんに何とか社会復帰してほしいがために「うちにはお金がないから、もうこれ以上面倒はみられません」とか、「私たちが死んだらあなたはどうするつもりなの」とお子さんに詰め寄ってしまうこともあるでしょう。しかし、こうした言い方は逆効果になることが多いと思います。

「親が死んだら、自分が困る」などという現実は、お子さん自身が十分にわかっていることなので、それを繰り返し言っても、お子さんにとってはうっとうしいだけかもしれません。そのような言葉はできるだけ避け、キャッシュフロー表などを用いて、具体的に数字で伝える方法に移行してみてはいかがでしょうか。

キャッシュフロー表を見せながら、「あと一〇年は面倒をみることができる」とか、「あと一〇〇〇万円くらいは援助できそうだけど、それ以上は無理」のように、期限付きの支援は可能だとお子さんに理解してもらう努力をしましょう。こうしたやり方であれば、親には引き続き支援するつもりはあること、だけど資金的な問題でその先は

経過年数		24	25	26	27	28	29	30	31	32	33	34	35
年齢	父	82											
	母	80	81	82	83	84	85	86	87				
	長男	59	60	61	62	63	64	65	66	67	68	69	70
	次男(別居)	57	58	59	60	61	62	63	64	65	66	67	68
ライフイベント(*1)		D	A					A	D				A
収入(手取り)	父	200											
	母	60	130	130	130	130	130	130	130				
	長男	78	78	78	78	78	78	78	78	78	78	78	78
	その他の収入												
	合計(A)	338	208	208	208	208	208	208	208	78	78	78	78
支出	基本生活費	330	250	250	250	250	250	250	250	120	120	120	120
	住居関連費	10	10	10	10	10	10	10	10	10	10	10	10
	車両費												
	その他一時的な支出	150	20	0	0	0	0	20	150	0	0	0	20
	合計(B)	490	280	260	260	260	260	280	410	130	130	130	150
年間収支(A－B)		－152	－72	－52	－52	－52	－52	－72	－202	－52	－52	－52	－72
貯蓄残高		2802	2730	2678	2626	2574	2522	2450	2248	2196	2144	2092	2020

経過年数		36	37	38	39	40	41	42	43	44	45	46	47
年齢	父												
	母												
	長男	71	72	73	74	75	76	77	78	79	80	81	82
	次男(別居)	69	70	71	72	73	74	75	76	77	78	79	80
ライフイベント(*1)						A					A		
収入(手取り)	父												
	母												
	長男	78	78	78	78	78	78	78	78	78	78	78	78
	その他の収入												
	合計(A)	78	78	78	78	78	78	78	78	78	78	78	78
支出	基本生活費	120	120	120	120	120	120	120	120	120	120	120	120
	住居関連費	10	10	10	10	10	10	10	10	10	10	10	10
	車両費												
	その他一時的な支出	0	0	0	0	20	0	0	0	0	20	0	0
	合計(B)	130	130	130	130	150	130	130	130	130	150	130	130
年間収支(A－B)		－52	－52	－52	－52	－72	－52	－52	－52	－52	－72	－52	－52
貯蓄残高		1968	1916	1864	1812	1740	1688	1636	1584	1532	1460	1408	1356

200 万円，C＝車の買い替え費用 200 万円，D＝葬式代 150 万円，E＝退職金

家族のキャッシュフロー表②――障がい年金が受給できたとしたら

（単位：万円）

経過年数		現在	1年後	2	3	4	5	6	7	8	9	10	11
年齢	父	58	59	60	61	62	63	64	65	66	67	68	69
	母	56	57	58	59	60	61	62	63	64	65	66	67
	長男	35	36	37	38	39	40	41	42	43	44	45	46
	次男（別居）	33	34	35	36	37	38	39	40	41	42	43	44
ライフイベント（*1）				E			A		B		C	A	
収入（手取り）	父	500	500	500	300	300	300	300	200	200	200	200	200
	母	60	60	60	60	60	60	60	60	60	60	60	60
	長男	78	78	78	78	78	78	78	78	78	78	78	78
	その他の収入			2000									
	合計（A）	638	638	2638	438	438	438	438	338	338	338	338	338
支出	基本生活費※	440	440	440	400	400	400	400	400	330	330	330	330
	住居関連費	140	140	140	10	10	10	10	10	10	10	10	10
	車両費	10	10	10	10	10	10	10	10	10	10	10	10
	その他一時的な支出	0	0	0	0	0	20	0	100	0	200	20	0
	合計（B）	590	590	590	420	420	440	420	520	350	550	370	350
年間収支（A－B）		48	48	2048	18	18	－2	18	－182	－12	－212	－32	－12
貯蓄残高		1600	1648	3696	3714	3732	3730	3748	3566	3554	3342	3310	3298

経過年数		12	13	14	15	16	17	18	19	20	21	22	23
年齢	父	70	71	72	73	74	75	76	77	78	79	80	81
	母	68	69	70	71	72	73	74	75	76	77	78	79
	長男	47	48	49	50	51	52	53	54	55	56	57	58
	次男（別居）	45	46	47	48	49	50	51	52	53	54	55	56
ライフイベント（*1）					A			B′		A			
収入（手取り）	父	200	200	200	200	200	200	200	200	200	200	200	200
	母	60	60	60	60	60	60	60	60	60	60	60	60
	長男	78	78	78	78	78	78	78	78	78	78	78	78
	その他の収入												
	合計（A）	338	338	338	338	338	338	338	338	338	338	338	338
支出	基本生活費	330	330	330	330	330	330	330	330	330	330	330	330
	住居関連費	10	10	10	10	10	10	10	10	10	10	10	10
	車両費	10	10	10	10	10	10	10	10				
	その他一時的な支出	0	0	0	20	0	0	200	0	20	0	0	0
	合計（B）	350	350	350	370	350	350	550	350	360	340	340	340
年間収支（A－B）		－12	－12	－12	－32	－12	－12	－212	－12	－22	－2	－2	－2
貯蓄残高		3286	3274	3262	3230	3218	3206	2994	2982	2960	2958	2956	2954

*1）　ライフイベント：A＝家電の買い替え費用 20 万円，B＝家の修繕費用 100 万円，B′＝家の修繕費用
※障がい年金で収入が増えるため，基本生活費も増やしてある

支援したくてもできないことを、現実的な数字を通して、お子さんに伝えられます。お金の話はお子さんにとっても死活問題なので、何回かチャレンジしているうちに、聞いてくれるようになるのではないでしょうか。

キャッシュフロー表をお子さんに見せつつ、お子さんの人生に大きく立ちはだかる「働く」ことについては、「正規雇用」でなくてもいいので、親の資産では足りない部分をお子さんが自分で補えるようにしなくてはならないと考えてもらえるように、努力してみて下さい。「働く」＝「正規雇用」をイメージする親御さんも多いはずですが、見本のお子さんのキャッシュフロー表を例に挙げれば、まずは一一六万円の赤字をなくす努力が求められているわけです。

一一六万円くらいのお金であれば、アルバイトで稼ぐだけでも、カバーできる可能性があります。たとえば、お子さんのアルバイト代から月に九〇〇〇円から一万円程度を貯蓄できれば、約一〇年で埋められる金額です。親と同居しているあいだなら、アルバイトで得た収入しかなくても貯蓄はできるはず。正規雇用でなくとも契約社員やパート、アルバイトでもプランは十分に成り立つ可能性があることを、お子さんに理解してもらうのが重要です。就業へのハードルについて、正規雇用から臨時雇用まで引き下げても大丈夫だとお子さんに理解してもらうためにも、キャッシュフロー表の作成が役立つと思います。

〈付録　モデルプラン〉

最後に付録として、キャッシュフロー表を五つほどご紹介します。これは、左記の条件のご家庭が、対策を講じることによって、サバイバルプランが成り立つように模索したプランです。

① **現状のライフプラン**

父親　七八歳（年金暮らし・現役時代は会社員）
母親　七七歳（年金暮らし・ずっと専業主婦）
長男　五〇歳（収入なし）

現時点での貯蓄額は、二〇〇〇万円と仮定します。長男の国民年金保険料は、六〇歳になるまで親が全額納付しているとします。その結果、長男は六五歳から、七八万円の国民年金を受給できる前提にしています。

家は持ち家で、父親が定年退職をしたのちに建て直したので、築一八年が経過しています。家が古くなると、修繕の必要が出てくるということで、家の修繕費用一〇〇万円を、二回、シミュレーションの中に入れています。また固定資産税が、年間一〇万円かかっているとしています。

そのほか、五年に一回程度、家電の買い替え費用が二〇万円ずつ発生することにしています。

以上の条件でキャッシュフロー表を作成してみると、今のままでは長男が八二歳の時点で、四〇〇〇万円を超える赤字が発生することが予想されます。

四〇〇〇万円を超える赤字を解消するために、いくつかの改善策を考えました。この中で、サバイバルプランが成り立つのは、①と④になります。

経過年数		22	23	24	25	26	27	28	29	30	31	32
年齢	父											
	母											
	長男	72	73	74	75	76	77	78	79	80	81	82
ライフイベント(*1)					A					A		
収入(手取り)	父											
	母											
	長男	78	78	78	78	78	78	78	78	78	78	78
	その他											
	合計(A)	78	78	78	78	78	78	78	78	78	78	78
支出	基本生活費	120	120	120	120	120	120	120	120	120	120	120
	住居関連費	10	10	10	10	10	10	10	10	10	10	10
	車両費											
	その他一時的な支出	0	0	0	20	0	0	0	0	20	0	0
	合計(B)	130	130	130	150	130	130	130	130	150	130	130
年間収支(A－B)		－52	－52	－52	－72	－52	－52	－52	－52	－72	－52	－52
貯蓄残高		84	32	－20	－92	－144	－196	－248	－300	－372	－424	－476

*1)　ライフイベント：A＝家電の買い替え費用20万円，B＝家の修繕費用100万円，C＝車の買い替え費用200万円，D＝葬式代150万円，E＝保険の満期金150万円

現状のライフプラン①

（単位：万円）

経過年数		現在	1年後	2	3	4	5	6	7	8	9	10
年齢	父	78	79	80	81	82						
	母	77	78	79	80	81	82	83	84	85	86	87
	長男	50	51	52	53	54	55	56	57	58	59	60
ライフイベント(*1)		A				D/E	A		B			A/D/E
収入（手取り）	父	180	180	180	180	180						
	母	60	60	60	60	60	120	120	120	120	120	120
	長男											
	その他					150						150
	合計(A)	240	240	240	240	390	120	120	120	120	120	270
支出	基本生活費	300	300	300	300	300	180	180	180	180	180	180
	住居関連費	10	10	10	10	10	10	10	10	10	10	10
	車両費											
	その他一時的な支出	20	0	0	0	150	20	0	100	0	0	170
	合計(B)	330	310	310	310	460	210	190	290	190	190	360
年間収支(A－B)		－90	－70	－70	－70	－70	－90	－70	－170	－70	－70	－90
貯蓄残高		2000	1930	1860	1790	1720	1630	1560	1390	1320	1250	1160

経過年数		11	12	13	14	15	16	17	18	19	20	21
年齢	父											
	母											
	長男	61	62	63	64	65	66	67	68	69	70	71
ライフイベント(*1)						A			B		A	
収入（手取り）	父											
	母											
	長男					78	78	78	78	78	78	78
	その他											
	合計(A)	0	0	0	0	78	78	78	78	78	78	78
支出	基本生活費	120	120	120	120	120	120	120	120	120	120	120
	住居関連費	10	10	10	10	10	10	10	10	10	10	10
	車両費											
	その他一時的な支出	0	0	0	0	20	0	0	100	0	20	0
	合計(B)	130	130	130	130	150	130	130	230	130	150	130
年間収支(A－B)		－130	－130	－130	－130	－72	－52	－52	－152	－52	－72	－52
貯蓄残高		1030	900	770	640	568	516	464	312	260	188	136

経過年数		22	23	24	25	26	27	28	29	30	31	32
年齢	父											
	母											
	長男	72	73	74	75	76	77	78	79	80	81	82
ライフイベント(*1)					A					A		
収入(手取り)	父											
	母											
	長男	78	78	78	78	78	78	78	78	78	78	78
	その他											
	合計(A)	78	78	78	78	78	78	78	78	78	78	78
支出	基本生活費	120	120	120	120	120	120	120	120	120	120	120
	住居関連費	70	70	70	70	70	70	70	70	70	70	70
	車両費											
	その他一時的な支出	0	0	0	20	0	0	0	0	20	0	0
	合計(B)	190	190	190	210	190	190	190	190	210	190	190
年間収支(A−B)		−112	−112	−112	−132	−112	−112	−112	−112	−132	−112	−112
貯蓄残高		1224	1112	1000	868	756	644	532	420	288	176	64

*1) ライフイベント：A＝家電の買い替え費用20万円，B＝家の修繕費用100万円，C＝車の買い替え費用200万円，D＝葬式代150万円，E＝保険の満期金150万円，F＝持ち家売却手取り2500万円

①′ 父親が亡くなった後、自宅を売って二五〇〇万円の売却代金を手にするプラン

父親が亡くなった翌年(五年後)に、マイホームを売却して、二五〇〇万円を手にできたとします。その後、母親と長男は賃貸住まいに変更。住居費がかかることで、生活コストはアップします。母親が亡くなった後は、住居費を抑えるために、さらに小さい部屋に引っ越しをします。

マイホームの売却代金として二五〇〇万円が手にできれば、長男が八二歳の時点まで、貯蓄は底を突かずに済む可能性が出てきます。家の売却によって、サバイバルプランを成り立たせる見通しが立ちました。

モデルプラン①′——①のまま，マイホームを売却する

（単位：万円）

経過年数		現在	1年後	2	3	4	5	6	7	8	9	10
年齢	父	78	79	80	81	82						
	母	77	78	79	80	81	82	83	84	85	86	87
	長男	50	51	52	53	54	55	56	57	58	59	60
ライフイベント(*1)		A				D/E	F/A					A/D/E
収入(手取り)	父	180	180	180	180	180						
	母	60	60	60	60	60	120	120	120	120	120	120
	長男											
	その他					150	2500					150
	合計(A)	240	240	240	240	390	2620	120	120	120	120	270
支出	基本生活費	300	300	300	300	300	240	240	240	240	240	240
	住居関連費	10	10	10	10	10	90	90	90	90	90	90
	車両費											
	その他一時的な支出	20	0	0	0	150	20	0	0	0	0	170
	合計(B)	330	310	310	310	460	350	330	330	330	330	500
年間収支(A－B)		－90	－70	－70	－70	－70	2270	－210	－210	－210	－210	－230
貯蓄残高		2000	1930	1860	1790	1720	3990	3780	3570	3360	3150	2920

経過年数		11	12	13	14	15	16	17	18	19	20	21
年齢	父											
	母											
	長男	61	62	63	64	65	66	67	68	69	70	71
ライフイベント(*1)						A					A	
収入(手取り)	父											
	母											
	長男					78	78	78	78	78	78	78
	その他											
	合計(A)	0	0	0	0	78	78	78	78	78	78	78
支出	基本生活費	120	120	120	120	120	120	120	120	120	120	120
	住居関連費	70	70	70	70	70	70	70	70	70	70	70
	車両費											
	その他一時的な支出	0	0	0	0	20	0	0		0	20	0
	合計(B)	190	190	190	190	210	190	190	190	190	210	190
年間収支(A－B)		－190	－190	－190	－190	－132	－112	－112	－112	－112	－132	－112
貯蓄残高		2730	2540	2350	2160	2028	1916	1804	1692	1580	1448	1336

経過年数		22	23	24	25	26	27	28	29	30	31	32
年齢	父											
	母											
	長男	72	73	74	75	76	77	78	79	80	81	82
ライフイベント(*1)					A					A		
収入(手取り)	父											
	母											
	長男	78	78	78	78	78	78	78	78	78	78	78
	その他											
	合計(A)	78	78	78	78	78	78	78	78	78	78	78
支出	基本生活費	110	110	110	110	110	110	110	110	110	110	110
	住居関連費	10	10	10	10	10	10	10	10	10	10	10
	車両費											
	その他一時的な支出	0	0	0	20	0	0	0	0	20	0	0
	合計(B)	120	120	120	140	120	120	120	120	140	120	120
年間収支(A－B)		－42	－42	－42	－62	－42	－42	－42	－42	－62	－42	－42
貯蓄残高		324	282	240	178	136	94	52	10	－52	－94	－136

*1)　ライフイベント：A＝家電の買い替え費用20万円，B＝家の修繕費用100万円，C＝車の買い替え費用200万円，D＝葬式代150万円，E＝保険の満期金150万円

② マイホームは売却せず、生活コストを下げる

マイホームは売却せずに保有したまま、サバイバルプランが成り立つプランを考えます。②では、親子三人のときと、長男がひとりで暮らす時期の生活コストを少しずつ下げます。母親と長男が二人で暮らす時期は、ひと月一五万円として、年間で一八〇万円と仮定しています。

すると、①のプランに比べて、貯蓄の減り方は緩やかになります。ただし、長男が八二歳の時点で一三〇万円以上の赤字が出てしまいます。実際に、長男がひとりで暮らす時期に、ひと月の生活費を一〇万円以下にできる保証もないため、生活費の削減だけで、サバイバルプランを成り立たせるのは難しいことがわかるのではないでしょうか。

モデルプラン②——生活コストを少し下げる

（単位：万円）

経過年数		現在	1年後	2	3	4	5	6	7	8	9	10
年齢	父	78	79	80	81	82						
	母	77	78	79	80	81	82	83	84	85	86	87
	長男	50	51	52	53	54	55	56	57	58	59	60
ライフイベント(*1)		A				D/E	A		B			A/D/E
収入（手取り）	父	180	180	180	180	180						
	母	60	60	60	60	60	120	120	120	120	120	120
	長男											
	その他					150						150
	合計(A)	240	240	240	240	390	120	120	120	120	120	270
支出	基本生活費	270	270	270	270	270	180	180	180	180	180	180
	住居関連費	10	10	10	10	10	10	10	10	10	10	10
	車両費											
	その他一時的な支出	20	0	0	0	150	20	0	100	0	0	170
	合計(B)	300	280	280	280	430	210	190	290	190	190	360
年間収支(A－B)		－60	－40	－40	－40	－40	－90	－70	－170	－70	－70	－90
貯蓄残高		2000	1960	1920	1880	1840	1750	1680	1510	1440	1370	1280

経過年数		11	12	13	14	15	16	17	18	19	20	21
年齢	父											
	母											
	長男	61	62	63	64	65	66	67	68	69	70	71
ライフイベント(*1)						A			B		A	
収入（手取り）	父											
	母											
	長男					78	78	78	78	78	78	78
	その他											
	合計(A)	0	0	0	0	78	78	78	78	78	78	78
支出	基本生活費	110	110	110	110	110	110	110	110	110	110	110
	住居関連費	10	10	10	10	10	10	10	10	10	10	10
	車両費											
	その他一時的な支出	0	0	0	0	20	0	0	100	0	20	0
	合計(B)	120	120	120	120	140	120	120	220	120	140	120
年間収支(A－B)		－120	－120	－120	－120	－62	－42	－42	－142	－42	－62	－42
貯蓄残高		1160	1040	920	800	738	696	654	512	470	408	366

経過年数		22	23	24	25	26	27	28	29	30	31	32
年齢	父											
	母											
	長男	72	73	74	75	76	77	78	79	80	81	82
ライフイベント(*1)					A					A		
収入	父											
	母											
	長男	78	78	78	78	78	78	78	78	78	78	78
	その他											
	合計(A)	78	78	78	78	78	78	78	78	78	78	78
支出	基本生活費	120	120	120	120	120	120	120	120	120	120	120
	住居関連費	10	10	10	10	10	10	10	10	10	10	10
	車両費											
	その他一時的な支出	0	0	0	20	0	0	0	0	20	0	0
	合計(B)	130	130	130	150	130	130	130	130	150	130	130
年間収支(A−B)		−52	−52	−52	−72	−52	−52	−52	−52	−72	−52	−52
貯蓄残高		404	352	300	228	176	124	72	20	−52	−104	−156

*1) ライフイベント：A＝家電の買い替え費用20万円，B＝家の修繕費用100万円，C＝車の買い替え費用200万円，D＝葬式代50万円，E＝保険の満期金150万円

③ 親の葬式代を一五〇万円から五〇万円に引き下げる

基本のキャッシュフロー表では、親の葬式代を一五〇万円としていますが、③のプランでは葬式代を五〇万円程度に引き下げてみます。葬式代を減らすことで、合計二〇〇万円ほど、貯蓄を温存できます。五〇万円の予算での葬式は、小さな家族葬、あるいは直葬になってしまうと思われますが、ひきこもりのお子さんがいるご家庭の場合、親戚付き合いが少ないケースが多いことを考えますと、小さな家族葬で予算立てをしたほうが現実的かもしれません。

生活コストを少しでも抑えつつ、葬式代も引き下げれば、寿命にもよりますが、サバイバルプランが成り立つ可能性も出てきます。

モデルプラン③——葬式代を 50 万円に

（単位：万円）

経過年数		現在	1年後	2	3	4	5	6	7	8	9	10
年齢	父	78	79	80	81	82						
	母	77	78	79	80	81	82	83	84	85	86	87
	長男	50	51	52	53	54	55	56	57	58	59	60
ライフイベント(*1)		A				D/E	A		B			A/D/E
収入	父	180	180	180	180	180						
	母	60	60	60	60	60	120	120	120	120	120	120
	長男											
	その他					150						150
	合計(A)	240	240	240	240	390	120	120	120	120	120	270
支出	基本生活費	270	270	270	270	270	180	180	180	180	180	180
	住居関連費	10	10	10	10	10	10	10	10	10	10	10
	車両費											
	その他一時的な支出	20	0	0	0	50	20	0	100	0	0	70
	合計(B)	300	280	280	280	330	210	190	290	190	190	260
年間収支(A－B)		－60	－40	－40	－40	60	－90	－70	－170	－70	－70	10
貯蓄残高		2000	1960	1920	1880	1940	1850	1780	1610	1540	1470	1480

経過年数		11	12	13	14	15	16	17	18	19	20	21
年齢	父											
	母											
	長男	61	62	63	64	65	66	67	68	69	70	71
ライフイベント(*1)						A			B		A	
収入	父											
	母											
	長男					78	78	78	78	78	78	78
	その他											
	合計(A)	0	0	0	0	78	78	78	78	78	78	78
支出	基本生活費	120	120	120	120	120	120	120	120	120	120	120
	住居関連費	10	10	10	10	10	10	10	10	10	10	10
	車両費											
	その他一時的な支出	0	0	0	0	20	0	0	100	0	20	0
	合計(B)	130	130	130	130	150	130	130	230	130	150	130
年間収支(A－B)		－130	－130	－130	－130	－72	－52	－52	－152	－52	－72	－52
貯蓄残高		1350	1220	1090	960	888	836	784	632	580	508	456

経過年数		22	23	24	25	26	27	28	29	30	31	32
年齢	父											
	母											
	長男	72	73	74	75	76	77	78	79	80	81	82
ライフイベント(*1)					A					A		
収入(手取り)	父											
	母											
	長男	78	78	78	78	78	78	78	78	78	78	78
	その他											
	合計(A)	78	78	78	78	78	78	78	78	78	78	78
支出	基本生活費	110	110	110	110	110	110	110	110	110	110	110
	住居関連費	10	10	10	10	10	10	10	10	10	10	10
	車両費											
	その他一時的な支出	0	0	0	20	0	0	0	0	20	0	0
	合計(B)	120	120	120	140	120	120	120	120	140	120	120
年間収支(A－B)		－42	－42	－42	－62	－42	－42	－42	－42	－62	－42	－42
貯蓄残高		716	674	632	570	528	486	444	402	340	298	256

*1）　ライフイベント：A＝家電の買い替え費用20万円，B＝家の修繕費用100万円，C＝車の買い替え費用200万円，D＝葬式代50万円，E＝保険の満期金150万円

④　長男が六〇歳まで、年収二四万円を稼ぐ

生活コストの削減、葬式代の引き下げをしても残ってしまう赤字を解消するために、長男が六〇歳まで、年収二四万円を稼ぐプランを考えてみました。年収二四万円といえば、月収二万円。一週間に五〇〇〇円を稼げれば、サバイバルプランが成り立つ計算になります。

外に出て働くのが難しければ、内職のように、自宅でできる仕事を探す考え方もあります。内職で月に二万円を稼ぐのはかなり大変ですが、月収が二万円に満たなくても、六〇歳を超えても働き続けられれば、サバイバルプランを成り立たせられる可能性が出てきます。

以上のように、まずは現状の生活でキャッシュフロー表を作成したうえで、実現ができそうな対策を考えることが重要です。お子さんが生きているあいだに貯蓄が底を突かないようなプランを、検討してみてください。

モデルプラン④—— 60歳まで年収24万円稼ぐ

（単位：万円）

経過年数		現在	1年後	2	3	4	5	6	7	8	9	10
年齢	父	78	79	80	81	82						
	母	77	78	79	80	81	82	83	84	85	86	87
	長男	50	51	52	53	54	55	56	57	58	59	60
ライフイベント(*1)		A				D/E	A		B			A/D/E
収入(手取り)	父	180	180	180	180	180						
	母	60	60	60	60	60	120	120	120	120	120	120
	長男	24	24	24	24	24	24	24	24	24	24	24
	その他					150						150
	合計(A)	264	264	264	264	390	144	144	144	144	144	270
支出	基本生活費	270	270	270	270	270	180	180	180	180	180	180
	住居関連費	10	10	10	10	10	10	10	10	10	10	10
	車両費											
	その他一時的な支出	20	0	0	0	50	20	0	100	0	0	70
	合計(B)	300	280	280	280	330	210	190	290	190	190	260
年間収支(A－B)		－36	－16	－16	－16	60	－66	－46	－146	－46	－46	10
貯蓄残高		2000	1984	1968	1952	2012	1946	1900	1754	1708	1662	1672

経過年数		11	12	13	14	15	16	17	18	19	20	21
年齢	父											
	母											
	長男	61	62	63	64	65	66	67	68	69	70	71
ライフイベント(*1)						A			B		A	
収入(手取り)	父											
	母											
	長男					78	78	78	78	78	78	78
	その他											
	合計(A)	0	0	0	0	78	78	78	78	78	78	78
支出	基本生活費	110	110	110	110	110	110	110	110	110	110	110
	住居関連費	10	10	10	10	10	10	10	10	10	10	10
	車両費											
	その他一時的な支出	0	0	0	0	20	0	0	100	0	20	0
	合計(B)	120	120	120	120	140	120	120	220	120	140	120
年間収支(A－B)		－120	－120	－120	－120	－62	－42	－42	－142	－42	－62	－42
貯蓄残高		1552	1432	1312	1192	1130	1088	1046	904	862	800	758

おわりに

「八〇五〇問題」がメディアをにぎわせたことで、急激にクローズアップされたひきこもりの高齢化問題ですが、ご相談者の中には、あと数年で「一〇〇七〇《ひゃくななまる》」を迎えるご家庭があります。いまや「九〇六〇《きゅうまるろくまる》」家庭のご相談は珍しくありません。親も子も高齢化した現在、「親亡き後」を迎えたご家庭も増え、中にはお子さん側が亡くなるケースも出ています。

　今から約三〇年前、ひきこもり家庭に向けてライフプランのアドバイスを始めた頃は、「親が死んだ後の生活のことなんて、縁起でもない話をするな」といったお叱りを受ける機会もありました。ひきこもりの子どもが働けるようにアドバイスするのが正しい導き方で、「親が遺したお金で暮らすプランを立てるなんて、もってのほか！」という印象が強かったように記憶しています。

アドバイスをまともに聞いてもらえない時間が一五年以上経った頃、共著者である斎藤環先生が、私の活動を見つけてくださいました。斎藤先生との出会いによって、日本で初めて、ひきこもりとお金をテーマにした「ひきこもりのライフプラン」のシンポジウムが開催され、そのシンポジウムでの発言が、本書が誕生するきっかけにもなりました。

　斎藤先生に出会わなければ、今でもひきこもり家庭にライフプランの話を届けるのは難しかったはずですので、とてもありがたい出会いだったと感謝しています。最近は全国からセミナーに呼んでいただき、会場には一〇〇名以上、時には二〇〇名を超える参加者を迎えることも珍しくなくなりました。

　本書でご紹介しているサバイバルプランは、

「働かないまま、一生逃げ切るプラン」だと揶揄されることもあります。もちろんアドバイスをする私自身も、「働けるなら、働いたほうがよい」と思っています。とはいえ世の中には、「働きたくても、働けない人」がたくさんいるのも事実です。親も子も高齢化しつつあるご家庭では、「働けない状態が続いても、お子さんの生活は成り立つのか」を、一日も早く、検討することをおすすめします。お金のプランについては、先送りにして状況が良くなるケースはほとんどないからです。

長年、ひきこもり家庭から相談を受けてきた私が、最近の相談の目標としているのは、「働けない状態は改善できなくても、ライフプラン上で親亡き後も生きていける見通しを立てること。その情報をお子さんと共有し、人生を穏やかに過ごしてもらえるように勇気づけること」です。第三者の眼には、働いていない子どもを抱える状況は同じに映るとしても、日々穏やかに暮らせればいい。そんな風にも考えますし、生活が成り立つことを数字で保証した結果、お子さんがアルバイトに出られるようになったケースを何例も見てきました。正社員として働くことは叶わなくても、アルバイト収入があればサバイバルプランが成り立つご家庭があることを、これからも伝えていきたいと考えています。

本書の改訂版を発行するに当たり、岩波書店の大橋久美さんには、さまざまなご尽力をいただきました。斎藤先生と大橋さんのおふたりに感謝するとともに、ひとつでも多くのひきこもり家庭に、本書が届くことを願ってやみません。

二〇二〇年三月

ファイナンシャルプランナー　畠中雅子

京都市	京都市ひきこもり地域支援センター	075-708-5425 075-314-0874	徳島市	徳島県ひきこもり地域支援センター「きのぼり」	088-602-8911
大阪市	大阪府ひきこもり地域支援センター	06-6697-2890	高松市	香川県ひきこもり地域支援センター「アンダンテ」	087-804-5115
大阪市	大阪市こころの健康センター(ひきこもり相談窓口)	06-6923-0090	松山市	愛媛県心と体の健康センター　ひきこもり相談室	089-911-3883
堺市	堺市ひきこもり地域支援センター「堺市ユースサポートセンター」	072-248-2518	高知市	高知県ひきこもり地域支援センター	088-821-4508
堺市	堺市ひきこもり地域支援センター(相談電話)	072-241-0880	春日市	福岡県ひきこもり地域支援センター	092-582-7530
神戸市	兵庫ひきこもり相談支援センター	078-977-7555	北九州市	北九州市ひきこもり地域支援センター「すてっぷ」	093-873-3130
神戸市	神戸市ひきこもり地域支援センター「ラポール」	078-945-8079	福岡市	福岡市ひきこもり支援センター「ワンド」	092-673-5804
奈良市	奈良県ひきこもり相談窓口	0742-27-8130	福岡市	福岡市ひきこもり成年地域支援センター「よかよかルーム」	092-716-3344
和歌山市	和歌山県ひきこもり地域支援センター	073-424-1713	佐賀市	さがすみらい(佐賀県ひきこもり地域支援センター)	0954-27-7270
鳥取市	とっとりひきこもり生活支援センター	0857-20-0222	武雄市	さがすみらい(佐賀県ひきこもり地域支援センター)サテライト	0954-27-7270
松江市	島根県ひきこもり支援センター	0852-21-2885	長崎市	長崎県ひきこもり地域支援センター	095-846-5115
岡山市	岡山県ひきこもり地域支援センター	086-224-3188	熊本市	熊本県ひきこもり地域支援センター「ゆるここ」	096-386-1177
岡山市	岡山市ひきこもり地域支援センター	086-803-1326	熊本市	熊本市ひきこもり支援センター「りんく」	096-366-2220
広島市	広島ひきこもり相談支援センター(中部・北部センター)	082-893-5242	大分市	青少年自立支援センター(おおいたひきこもり地域支援センター)	097-534-4650
広島市	広島ひきこもり相談支援センター(西部センター)	082-942-3161	宮崎市	宮崎県ひきこもり地域支援センター	0985-27-8133
三原市	広島ひきこもり相談支援センター(東部センター)	0848-66-0367	鹿児島市	ひきこもり地域支援センター	099-257-8230
山口市	精神保健福祉センター「心の健康電話相談」	083-901-1556	沖縄県	沖縄県ひきこもり専門支援センター(南風原町)	098-888-1455

- 出所：厚労省 HP(https://www.mhlw.go.jp/file/06-Seisakujouhou-12000000-Shakaiengokyoku-Shakai/0000180269.pdf)をもとに作成.
- 最寄りの保健所や精神保健福祉センターにも相談窓口があります．また，市町村が設置した地域活動支援センターに通所することで社会参加の足がかりにできることもあります．地域の若者サポートステーション(就労支援)については，お近くのハローワークにお問い合わせ下さい．そのほかの社会資源については，自治体の障がい福祉課などにお問い合わせ下さい.
- 下記ホームページにも情報があります.
  支援団体・居場所・家族会　http://hikiken.s8.xrea.com/i/dantai.html
  内閣府子供・若者通信〜よりそい〜　https://www8.cao.go.jp/youth/e-mailmagazine/index.html

全国のひきこもり地域支援センター

（2019年12月末現在）

札幌市	北海道ひきこもり成年相談センター	011-863-8733	横浜市	横浜市青少年相談センター（ひきこもり地域支援センター）	045-260-6615
札幌市	札幌市ひきこもり地域支援センター	011-863-8733	川崎市	川崎市精神保健福祉センター（ひきこもり・思春期相談）	044-200-3246
青森市	青森県ひきこもり地域支援センター（本部）	017-787-3953	相模原市	相模原市ひきこもり支援ステーション	042-769-6632
盛岡市	岩手県ひきこもり支援センター	019-629-9617	新潟市	新潟県ひきこもり地域支援センター	025-280-5201
大崎市	宮城県ひきこもり地域支援センター	0229-23-0024	新潟市	新潟市ひきこもり相談支援センター	025-278-8585
仙台市	宮城県ひきこもり地域支援センター　南支所	022-393-5226	富山市	富山県ひきこもり地域支援センター	076-428-0616
仙台市	仙台市ひきこもり地域支援センター「ほわっと・わたげ」	022-285-3581	金沢市	石川県こころの健康センター（ひきこもり地域支援センター）	076-238-5750
秋田市	秋田県ひきこもり相談支援センター	018-831-2525	福井市	福井県ひきこもり地域支援センター	0776-26-4400
山形市	ひきこもり相談支援窓口「自立支援センター巣立ち」	023-631-7141	甲府市	山梨県ひきこもり地域支援センター・ひきこもり相談窓口	055-254-7231
福島市	福島県ひきこもり支援センター	024-546-0006	長野市	長野県ひきこもり支援センター	026-227-1810
水戸市	茨城県ひきこもり相談支援センター	0296-48-6631	岐阜市	岐阜県ひきこもり地域支援センター	058-231-9724
宇都宮市	栃木県子ども若者・ひきこもり総合相談センター「ポラリス☆とちぎ」	028-643-3422	静岡市	静岡県ひきこもり支援センター	054-286-9219
前橋市	ひきこもり支援センター	027-287-1121	静岡市	静岡市ひきこもり地域支援センター「Dan Dan しずおか」	054-260-7755
越谷市	埼玉県ひきこもり相談サポートセンター	048-971-5613	浜松市	浜松市ひきこもり地域支援センター	053-457-2709
さいたま市	さいたま市ひきこもり相談センター	048-762-8534	名古屋市	あいちひきこもり地域支援センター	052-962-3088
千葉市	千葉県ひきこもり地域支援センター	043-209-2223	名古屋市	名古屋市ひきこもり地域支援センター	052-483-2077
千葉市	千葉市ひきこもり地域支援センター	043-204-1606	津市	三重県こころの健康センター	059-223-5241
東京都	東京都ひきこもりサポートネット	0120-529-528	草津市	滋賀県ひきこもり支援センター	077-567-5058
横浜市	かながわ子ども・若者総合相談センター（ひきこもり地域支援センター）	045-242-8201	京都市	脱ひきこもり支援センター	075-531-5255

斎藤　環

精神科医，筑波大学医学医療系社会精神保健学教授，オープンダイアローグ・ネットワーク・ジャパン共同代表．専門は思春期・青年期の精神病理学，「ひきこもり」の治療・支援ならびに啓蒙活動．著書に『改訂版　社会的ひきこもり』(PHP 新書，2020 年)，『オープンダイアローグとは何か』(著訳，医学書院，2015 年)，『コロナ・アンビバレンスの憂鬱』(晶文社，2021 年)，『いじめ加害者にどう対応するか』(共著，岩波ブックレット，2022 年)など．

畠中雅子

ファイナンシャルプランナー．雑誌・新聞・インターネットに多数の連載をもつほか，講演，個人のマネー相談，金融機関のアドバイザー業務などを行っている．著書は『息子，娘が中高年ひきこもりでもどうにかなるって本当ですか？』(時事通信社，2022 年)，『ラクに楽しくお金を貯めている私の「貯金簿」』(ぱる出版，2018 年)，『定年後に泣かないために，今から家計と暮らしを見直すコツってありますか？』(大和書房，2017 年)ほか，70 冊を超える．

新版　ひきこもりのライフプラン
――「親亡き後」をどうするか　　　岩波ブックレット 1023

2020 年 4 月 7 日　第 1 刷発行
2022 年 12 月 5 日　第 2 刷発行

著　者　斎藤《さいとう》 環《たまき》　畠中雅子《はたなかまさこ》

発行者　坂本政謙

発行所　株式会社　岩波書店
〒101-8002 東京都千代田区一ツ橋 2-5-5
電話案内 03-5210-4000　営業部 03-5210-4111
https://www.iwanami.co.jp/booklet/

印刷・製本　法令印刷　　装丁　副田高行　　表紙イラスト　藤原ヒロコ

ISBN 978-4-00-271023-5　　Printed in Japan